D1662585

Yvonne Dietz

Barrierefreiheit in Kultur und Freizeit

BibSpider

Leipziger Impulse für die Museumspraxis

Band 3

Yvonne Dietz

Barrierefreiheit in Kultur und Freizeit

Nutzbarkeit von Museen für
Seh- und Gehbehinderte im Vergleich

herausgegeben von
Markus Walz

BibSpider • Berlin • 2010

ISBN 978-3-936960-46-4

Bibliografische Information der Deutschen Bibliothek

Die Deutsche Bibliothek verzeichnet diese Publikation in der
Deutschen Nationalbibliografie

Diese Veröffentlichung stellt die überarbeitete Fassung einer Diplomarbeit
dar, die im Jahr 2008 im Studiengang Museologie an der Hochschule für
Technik, Wirtschaft und Kultur Leipzig, Fakultät Medien, eingereicht wurde.

BibSpider
Networking for Information Sciences
Niederwallstr. 13
10117 Berlin
Deutschland

www.bibspider.de

Druck und buchbinderische Verarbeitung:

Druck- und Verlagshaus
E. Weidenbach GmbH & Co KG
35683 Dillenburg

Inhaltsverzeichnis

7

1 Barrierefreiheit von Kultur- und Freizeiteinrichtungen im Vergleich

Museen und andere Einrichtungen im Kultur- und Freizeitbereich wie beispielsweise Zoologische Gärten, Science Center, Kinos oder Theater können die Forderungen nach Barrierefreiheit ihrer Dienstleistungen nicht mehr ignorieren. Aus dem Benachteiligungsverbot des Grundgesetzes [1] folgt die grundsätzliche Verpflichtung zur Gleichbehandlung von Menschen mit und ohne Behinderungen. Das 2002 verabschiedete Behindertengleichstellungsgesetz des Bundes sowie die entsprechenden Gesetze der Bundesländer verlangen Rahmenbedingungen für die gleichberechtigte Teilhabe von behinderten Menschen am Leben in der Gesellschaft: im jeweiligen Geltungsbereich sollen bestehende Benachteilungen und Barrieren abgebaut und beseitigt werden, um behinderten Menschen Zugang zu öffentlichen Gebäuden und eine Nutzung der dort angebotenen Dienstleistungen zu ermöglichen. Das Bundes-Behindertengleichstellungsgesetz bietet zum ersten Mal eine Legaldefinition von Barrierefreiheit an:

„Barrierefrei sind bauliche und sonstige Anlagen, Verkehrsmittel, technische Gebrauchsgegenstände, Systeme der Informationsverarbeitung, akustische und visuelle Informationsquellen und Kommunikationseinrichtungen sowie andere gestaltete Lebensbereiche, wenn sie für behinderte Menschen in der allgemein üblichen Weise, ohne besondere Erschwernis und grundsätzlich ohne fremde Hilfe zugänglich und nutzbar sind."[2]

Es entsteht somit eine Anforderung an die Qualität der von öffentlicher Hand erbrachten Dienstleistungen, die grundsätzlich auch die auf dem Kultur- und Freizeitmarkt agierenden Einrichtungen betrifft und darüber hinaus durchaus Auswirkungen auf Einrichtungen in privater Trägerschaft hat.

---

[1] Art. 3, Abs. 3, Satz 2 Grundgesetz der Bundesrepublik Deutschland: „Niemand darf wegen seiner Behinderung benachteiligt werden."
[2] § 4 Abs. 1 Bundes-Behindertengleichstellungsgesetz.

Diesen Entwicklungen entspricht eine wachsende Erwartungshaltung der Behinderten. So formuliert der Deutsche Blinden- und Sehbehindertenverband in einem Positionspapier detaillierte Vorschläge für eine barrierefreie Gestaltung von Museen.[3] Da Barrierefreiheit in den Presseberichten über Museums- und Ausstellungseröffnungen oder Theaterpremieren bislang eher selten eine Rolle spielte, nutzen Behinderte zielgruppenspezifische Medien, um auf Missstände aufmerksam zu machen und Veränderungen zu fordern. Dabei wird der selbstständigen Nutzung der Einrichtungen Vorrang eingeräumt – vor dem Angebot spezieller Veranstaltungen, wie beispielsweise behindertengerechten Führungen. [4] Was barrierefrei ist, entscheiden aber letztendlich die Betroffenen, denn die alleinige Einhaltung baurechtlicher Vorschriften zieht nicht zwangsläufig Zufriedenheit seitens der behinderten Menschen nach sich.

Die von diesen Einrichtungen angebotenen (Kultur-) Dienstleistungen benötigen zu ihrer tatsächlichen Realisierung jeweils die aktive Anwesenheit und „Mitwirkung" eines interessierten Publikums.[5] Das bedeutet, dass der Gast mit seinen Vorkenntnissen, Erwartungen, Vorurteilen, aber eben auch seinen etwaigen körperlichen und geistigen Einschränkungen entscheidend am Prozess und Ergebnis der Dienstleistung beteiligt ist. Es ist allerdings durchaus möglich, dass aufgrund der Behinderung und der Beschaffenheit des Gebäudes die Dienstleistung nicht zustande kommen kann.

Barrierefrei gestaltete Lebensbereiche können den Ansprüchen aller Menschen, neben Behinderten also auch Kindern, Schwangeren, Eltern mit Kinderwagen, alten und gebrechlichen Menschen zugute kommen.[6] Die Herstellung von Barrierefreiheit er-

---

[3] Deutscher Blinden- und Sehbehindertenverband e. V., Leitfaden für eine barrierefreie Gestaltung von Museen für sehbehinderte und blinde Besucher.
[4] Auer, Rechtliche Rahmenbedingungen für barrierefreie Museen in Deutschland, S. 6.
[5] Vgl. Meffert, Dienstleistungsmarketing, S. 27.
[6] Vgl. Schüler, Barrierefrei leben, S. 7.

folgt somit im Interesse aller Menschen,[7] da „eine barrierefrei zugängliche Umwelt für etwa 10% der Bevölkerung zwingend erforderlich, für etwa 30 bis 40% notwendig und für 100% komfortabel ist."[8] Betrachtet man die Verteilung von Menschen mit Behinderungen über die Altersgruppen, wird deutlich, dass mit zunehmendem Alter das Risiko steigt, von einer Behinderung betroffen zu sein.[9] Behinderung ist deshalb *auch* ein Phänomen des Alters. Aufgrund des prognostizierten demographischen Wandels erhalten Ausgaben und Anstrengungen zur barrierefreien Gestaltung von Kultur- und Freizeiteinrichtungen so eine zusätzliche Legitimierung und können als Investition in die Zukunft verbucht werden. Barrierefreiheit könnte zu einem Qualitätsmerkmal für Generationen übergreifende und familienfreundliche Kultur- und Freizeitangebote werden.

Die seit den 1980er-Jahren andauernde, immer wieder aufflammende und von Tagungen und Publikationen[10] begleitete Diskussion über mehr Barrierefreiheit in Museen belegt beispielhaft die Relevanz des Themas für Kultur- und Freizeiteinrichtungen. Bei genauerer Betrachtung werden folgende inhaltliche Schwerpunkte deutlich:

– Möglichkeiten der Schaffung von Zugänglichkeit für behinderte Menschen,

– zielgruppenorientierte pädagogische Angebote und Kommunikationsmaßnahmen,

– behinderte Menschen als eine unterrepräsentierte, vernachlässigte oder potenzielle Zielgruppe.

---

[7] Ökonomische Impulse eines barrierefreien Tourismus für Alle, S. 13.
[8] Ökonomische Impulse eines barrierefreien Tourismus für Alle, S. 13.
[9] Vgl. Statistisches Jahrbuch 2006, S. 227.
[10] Einige aktuelle Beispiele: Das barrierefreie Museum, 2007; MAINual: Handbuch barrierefreie Öffentlichkeit, 2005; die Themenhefte der Fachzeitschrift „Standbein Spielbein. Museumspädagogik aktuell" „Barriere-Frei – Teilhabe von Menschen mit Behinderung im/am Museum" (Nr. 59, 2001) und „Das barrierefreie Museum – Theorie und Praxis" (Nr. 77, 2007). Seit 1999 fanden zudem mehrere Tagungen der Arbeitsgruppe „Barrierefreie Museen" des Bundesverbandes Museumspädagogik e. V. statt.

Bislang scheint eine Studie, die weitere Institutionen im Kultur- und Freizeitbereich vergleichend einbezieht, zu fehlen; eine Ausnahme bildet die Institutionen übergreifende US-amerikanische Publikation „Design for Accessibility: A Cultural Administrator's Handbook" aus dem Jahr 2003. Die barrierefreie Gestaltung von Gebäuden und Dienstleistungen ist jedoch eine Herausforderung, der sich alle Einrichtungen des Kultur- und Freizeitbereichs gleichermaßen stellen müssen. Es handelt sich um öffentliche Einrichtungen mit offenen Angeboten, die einem potenziellen Publikum, welches grundsätzlich auch Menschen mit erhöhten Anforderungen an die Barrierefreiheit umfasst, zur Verfügung stehen. Einrichtungen wie Theater, Museen, Kinos, zoologische und botanische Gärten, Science Center, Planetarien oder Sternwarten verbinden Unterhaltung mit Bildung, bieten ihren Gästen Erkenntnis und Information, ästhetischen Genuss und/oder Unterhaltung und Erbauung.[11] Sie werden von einem breiten Publikum unverbindlich während definierter Öffnungszeiten oder während einer Veranstaltung, die innerhalb des Programms der Einrichtung angekündigt wurde, besucht und befinden sich im unmittelbaren Stadtgebiet.

Das Ziel, Barrierefreiheit als ein Qualitätsmerkmal im Kultur- und Freizeitbereich zu etablieren, unterliegt einem Bündel verschiedener Einflussfaktoren. Neben den bereits genannten gesetzlichen und gesellschaftlichen Rahmenbedingungen sind das die Anforderungen und Erwartungshaltungen des Publikums sowie konkurrierende, auf dem gleichen Markt agierende Einrichtungen. Außerdem kommt der Einrichtung selbst, beispielsweise mit ihren Marketingentscheidungen, aber auch mit ihren personellen, finanziellen und baulichen Voraussetzungen eine entscheidende Bedeutung zu.[12]

Es kann inzwischen davon ausgegangen werden, dass Barrierefreiheit in verschiedenen Institutionen bereits angestrebt wird, wobei absolute Barrierefreiheit ein nahezu unerreichbares Ideal darstellt, gemessen an jedweder Art von Beeinträchtigung. Folg-

---

[11] Vgl. Rothärmel, Leistungserstellung im Kulturbetrieb, S. 9.
[12] Vgl. Meffert, Dienstleistungsmarketing, S. 203 f.

lich ist der Ist-Stand der Barrierefreiheit in ausgewählten Einrichtungen des Kultur- und Freizeitsektors von Interesse.

Die vorliegende Analyse hat sich die Aufgabe gestellt, zunächst diesen Ist-Stand von Barrrierefreiheit in Freizeit- und Kultureinrichtungen zu ermitteln. Auf dieser Basis kann dann eine Positionsbestimmung speziell der Museen erfolgen. Das Ergebnis dieser Platzierung und die sich daraus ergebenden Entwicklungsperspektiven sollen einer erfolgreichen Zukunftsplanung dieser Institutionen hinsichtlich des Wettbewerbs der Angebote auf dem Kultur- und Freizeitmarkt dienen.

2 Vorgehensweise

2.1 Forschungsansatz, Rahmen der Untersuchung

Die vorliegende Studie vergleicht die Barrierefreiheit von Museen und anderen Einrichtungen im Kultur- und Freizeitsektor. Um dem komplexen und mehrdimensionalen Phänomen Barrierefreiheit gerecht zu werden, bedient sie sich einer Kombination verschiedener empirischer Erhebungsmethoden, die jeweils in Bezug zum Forschungsziel gesetzt und an dieses angepasst werden.

Eine Totalerhebung ist angesichts der Menge an Einrichtungen ausgeschlossen, erscheint aber auch im Rahmen qualitativer, felderkundender Forschung unangemessen. Da die Möglichkeit besteht, dass der Realisierungsgrad von Barrierefreiheit sowohl von gesetzlichen Vorgaben, als auch vom Engagement der örtlichen Mitbewerberinnen oder auch der Durchsetzungskraft der Behindertenlobbys abhängen könnte, verbot sich eine Lokalstudie ebenso wie die isolierte Betrachtung typischer Einrichtungen an verschiedenen Orten oder örtlich konkurrenzloser Einrichtungen.

Da man davon ausgehen kann, dass ein quantitativ größeres potenzielles Publikum eine höhere Zahl behinderter Personen einschließt, und man ebenfalls davon ausgehen kann, dass durch diese höhere Anzahl die Aufmerksamkeit der Verantwortlichen in Kultur- und Freizeiteinrichtungen für die Belange Behinderter gesteigert werden mag, spricht vieles dafür, die Untersuchung in Großstädten durchzuführen. Andererseits kann diese Vorgabe das Untersuchungsergebnis verformen, da wegen des größeren Marktpotenzials in Großstädten leistungsfähigere Einrichtungen existieren. Für Museen wurde aber nachgewiesen, dass diese in Großstädten markant höhere Bandbreiten aufweisen: Großstädte beherbergen Museen unterschiedlichster Flächengrößen und Besuchszahlen, darunter sowohl die flächengrößten Häuser und Besuchsmagneten als auch Museen mit geringen Ausstellungsflächen und schwachem Publikumszuspruch.[13] Eine Untersuchung ausgewählter Einrichtungen in Großstädten spiegelt daher zu-

---

[13] Walz, Museen 1990/91, S. 21, 27.

mindest bei Museen keine Leistungsspitzen, sondern bietet einen Querschnitt unterschiedlicher Leistungsniveaus.

Die hier vorgestellte Studie wurde an zwei Orten durchgeführt, den in verschiedenen Bundesländern liegenden Großstädten Halle (Saale)[14] und Jena; damit wird das Vorhandensein einer lokalen Angebotsbreite ebenso berücksichtigt wie auch Differenzen aufgrund unterschiedlicher Einwirkungen aus Landespolitik und Stadtgesellschaft. In der einen Stadt festgestellte Phänomene können folglich Daten der anderen Stadt relativieren. Die Barrierefreiheit von Einrichtungen aus dem Bereich Kultur und Freizeit wird also an verschiedenen Orten, zu verschiedenen Zeiten und aus der Perspektive verschiedener Behinderungsarten untersucht.[15]

Ziel der Untersuchung ist keine Dokumentation der spezifischen Situation in beiden Städten, sondern des derzeitigen Stands der Barrierefreiheit in Einrichtungen des Kultur- und Freizeitbereichs, wie er sich exemplarisch in der Angebotspalette von Halle und Jena zeigt. Für einen Teil der empirischen Untersuchung – den nachfolgend beschriebenen Leistungstest – wurden aus dem Gesamtangebot der beiden Städte typische Fallbeispiele ausgewählt und die Analyse auf zwei Behinderungsarten – blinde oder sehbehinderte sowie mobilitätseingeschränkte Personen (Personen im Rollstuhl und Gehbehinderte) – fokussiert.

2.2 Kurzcharakteristik der Untersuchungsstandorte Halle und Jena

Halle ist mit 232.267[16] Einwohnern und Einwohnerinnen nicht nur die größte Stadt Sachsen-Anhalts, sondern auch kultureller und wissenschaftlicher Mittelpunkt des Landes. Jena hat derzeit

---

[14] Im Folgenden kurz Halle.

[15] Vgl. Flick: Qualitative Sozialforschung. Eine Einführung, S. 107.

[16] Angabe mit Stand 31.12.2007; vgl.: Einwohner mit Hauptwohnsitz der Stadt Halle (Saale) insgesamt 2000 bis 2007 [Elektronische Ressource] / Amt für Bürgerservice. Adresse: http://www.halle.de/index.asp?MenuID=151&SubPage=6 [gesehen: 10.05.2008].

101.406 Einwohner und Einwohnerinnen[17] und gehört damit zu den drei größten Städten des Freistaats Thüringen. Beide Städte verbindet, dass sie sowohl Sitz mehrerer Landesbehörden sind als auch Standort einer traditionsreichen Universität, die jeweils mit Universitätskliniken und der Universitäts- und Landesbibliothek ausgestattet ist. Die Raumordnung der betreffenden Länder hebt Halle und Jena als Oberzentren heraus, jeweils als eine von drei Städten in dieser Kategorie. „Oberzentren sollen über hochwertige spezialisierte Einrichtungen mit überregionaler Bedeutung sowie umfassende Angebote an Gütern und Leistungen des spezialisierten höheren Bedarfs verfügen", wobei Thüringen in dieser Angebotsvielfalt ausdrücklich „verschiedene Kultur- und Freizeiteinrichtungen, [...] Theater, Museen und Kunstsammlungen, bedarfsgerechte und überregional bedeutsame Sportstätten" erwartet.[18] Ein gewisser Rangunterschied ergibt sich daraus, dass Halle in geringer Entfernung von einem weiteren Oberzentrum, dem sächsischen Leipzig, liegt und diese beiden Städte Bestandteil der europäischen Metropolregion „Halle/Leipzig – Sachsendreieck" sind; da Sachsen-Anhalt eine stärkere Orientierung seiner Oberzentren Magdeburg, Dessau-Roßlau und Halle auf diese Metropolregion wünscht, genießt Halle eine Schlüsselrolle unter den Oberzentren.[19]

---

[17] Angabe mit Stand 31.12.2007; vgl.: Jena. Daten und Fakten – Bevölkerung [Elektronische Ressource]. Adresse: http://www.jena.de/sixcms/detail.php?id=21560&_nav_id1=6001&_lang=de [gesehen: 10.05.2008].

[18] Landesentwicklungsplan 2004. Anlage zur Verordnung über den Landesentwicklungsplan v. 06.10.2004. / Freistaat Thüringen, Ministerium für Bau und Verkehr. [Elektronische Ressource]. Adresse: hhtp://www.thueringen.de/imperia/md/content/tmbv/landesplanung/plaene/lep2004download.pdf [gesehen: 13.05.2009], S. 18 f.

[19] Landesentwicklungsplan des Landes Sachsen-Anhalt. Erster Entwurf 22.07.2008. / Land Sachsen-Anhalt, Ministerium für Landesentwicklung und Verkehr. [Elektronische Ressource.] Adresse: http://www.sachsen-anhalt·de/LPSA/fileadmin/Elementbibliothek/Bibliothek_Politik_und_Verwaltung/Bibliothek_MBV/LEP/1_entwurf/1.Entwurf_LEP_2010.pdf [gesehen: 13.05.2009], S. 19.

In Halle leben 18.096 Menschen mit einer anerkannten Schwerbehinderung (Stand 31.12.2006). Menschen sind schwerbehindert, wenn ihnen die Versorgungsämter einen Grad der Behinderung von mindestens 50 Prozent zuerkannt haben.[20] Mit der Anerkennung der Schwerbehinderung und der Ausstellung des Behindertenausweises werden bundesweit einheitliche Merkzeichen vergeben, die Hinweise auf die Einschränkungen der Betroffenen geben. So gibt es in Halle 10.022 Personen mit dem Merkzeichen G im Behindertenausweis (erheblich gehbehindert) und 1.458 Personen mit dem Merkzeichen aG, das bei einer außergewöhnlichen Gehbehinderung, die meist die Benutzung eines Rollstuhls erfordert, vergeben wird. Das heißt, es sind 11.480 Ortsansässige mit einer erheblichen Mobilitätseinschränkung registriert. Darüber hinaus gibt es 470 blinde Menschen in Halle (Merkzeichen BL).[21] Eine Zahl der in Halle lebenden schwerbehinderten Menschen mit einer Sehbehinderung konnte nicht ermittelt werden. In Jena leben 7.508 anerkannt Schwerbehinderte (Stand 31.12.2005)[22], davon sind 515 blind. Aufgrund der erfassten Merkzeichen (Stand 31.12.2007) ist davon auszugehen, dass in Jena 3.799 Personen mit einer erheblichen und 505 Personen mit einer außergewöhnlichen Gehbehinderung leben.[23]

In den rechtlichen Rahmenbedingungen für Behinderte bestehen begrenzte Unterschiede. Sachsen-Anhalt und Thüringen bekennen sich in ihren Landesverfassungen dazu, Menschen mit Behinderungen unter besonderen Schutz zu stellen und ihre gleichwertige Teilnahme am Leben in der Gemeinschaft zu fördern. Konkretisierung erfährt dieser Anspruch durch die Behindertengleichstellungsgesetze beider Länder. Noch vor dem Gesetz auf

---

[20] Vgl. Statistisches Jahrbuch 2006, S. 195.
[21] Alle Zahlen für Halle: Bericht über die Lage der Menschen mit Behinderungen in der Stadt Halle (Saale) [Elektronische Ressource]. Stand: 24.10.2007. Adresse: http://buergerinfo.halle.de/_frame.asp [gesehen: 15.07.2008], S. 2 f.
[22] Schwerbehinderte in Jena 1993–2005, Landesstatistikamt Thüringen, [Elektronische Ressource].
[23] Behinderten-Strukturstatistik Stadt Jena / Hrsg. Landessozialamt Thüringen. [erhalten von der Behindertenbeauftragten der Stadt Jena, E-Mail vom 22.04.2008].

Bundesebene veröffentlichte Sachsen-Anhalt 2001 ein eigenes Behindertengleichstellungsgesetz.[24] Der im Bundesgesetz zentrale Begriff der Barrierefreiheit und dessen Forderung nach barrierefreier Gestaltung in den Bereichen Bau, Verkehr und Informationstechnik fehlen im Gesetz Sachsen-Anhalts, während sie Eingang in das 2005 beschlossene Thüringer Behindertengleichstellungsgesetz[25] fanden. Der Geltungsbereich beider Gesetze umfasst neben dem Land auch die kommunalen Körperschaften, deren Behörden und Dienststellen, landesunmittelbare Körperschaften, Stiftungen und Anstalten des öffentlichen Rechts, in Sachsen-Anhalt auch Betriebe und Unternehmen, an denen das Land oder kommunale Körperschaften beteiligt sind.[26] Im Thüringer Gesetz heißt es jedoch einschränkend, dass die Leistungsfähigkeit der kommunalen Träger öffentlicher Verwaltung zu berücksichtigen ist und die entstehenden Kosten vertretbar sein müssen.[27]

Beide Landesbauordnungen enthalten einen Abschnitt „Barrierefreies Bauen", der jeweils zentrale Aspekte der Norm DIN 18024 (Barrierefreies Bauen) aufgreift. Dieser jeweilige Abschnitt gilt ausdrücklich auch für Neu- und Umbauten von Einrichtungen des Kultur- und Bildungswesens sowie von Sport- und Freizeitstätten.[28] Einschränkend ist zu bemerken, dass beide Landesbauordnungen keine Vorschriften enthalten, die eine barrierefreie Nutzung öffentlicher Gebäude durch sehbehinderte und blinde Menschen betreffen. Darüber hinaus kann von einer barrierefreien (Um-)Gestaltung öffentlicher Gebäude abgesehen werden, wenn diese mit einem unverhältnismäßigen Mehraufwand verbunden wäre.

---

[24] Gesetz für Chancengleichheit und gegen Diskriminierung behinderter Menschen in Sachsen-Anhalt (BGStG LSA).

[25] §§ 5, 10, 14 Gesetz zur Gleichstellung und Verbesserung der Integration von Menschen mit Behinderungen (ThürGIG).

[26] § 6 ThürGIG; § 4 BGStG LSA.

[27] § 2 ThürGIG.

[28] Gleichlautende Ausführungen in: § 49 Bauordnung des Landes Sachsen-Anhalt (BauO LSA); § 53 Thüringer Bauordnung (ThürBO).

2.3 Schriftliche Befragung von Kultur- und Freizeit-einrichtungen

Eine schriftliche Befragung in Halle und Jena sollte grundsätzlich alle vergleichbaren Kultur- und Freizeiteinrichtungen der beiden Städte einbeziehen. Aufgrund des großen Adressatenkreises und aus zeitökonomischen Gründen wurde die Methode der schriftlichen Befragung in strukturierter Form mit standardisiertem Fragebogen gewählt. Die Befragung musste sich folglich auf die Ermittlung einfacher Sachverhalte beschränken.[29] Alle Befragten erhielten den gleichen Fragebogen mit den gleichen Fragen in der gleichen Reihenfolge und den gleichen Antwortkategorien.[30] Das hatte zur Folge, dass nicht auf die Unterschiede zwischen den einzelnen Kultureinrichtungen eingegangen werden konnte.

Die Recherche nach dem Angebot im Kultur- und Freizeitbereich – im dargestellten Sinn dieser Untersuchung – erfolgte in beiden Städten über die städtischen Internetpräsentationen, daneben auch in regionalen Kulturmagazinen.[31] Die Recherche ergab insgesamt 69 Einrichtungen in beiden Städten (40 Einrichtungen in Halle und 29 in Jena). Eine vereinfachende Gruppierung kann beispielsweise Theater, Opernhaus, Kabarett- und Varietébühnen zusammenfassen; komplexer ist die Struktur der Orte mit Musikaufführungen: Neben Konzerthäuser und -säle treten auch Kirchen, Veranstaltungshallen und Kulturzentren, in denen die musikalischen Veranstaltungen nur sekundäre Funktionen darstellen. Grenzen derartiger Gruppierung zeigen Institutionen auf, die mehrere Kulturangebote unter einem Dach vereinen wie Konzert- und Theateraufführungen oder ein Museum mit eigenem Konzertsaal.

---

[29] Vgl. Atteslander, Methoden der empirischen Sozialforschung, S. 175.
[30] Vgl. Diekmann, Empirische Sozialforschung. Grundlagen, Methoden, Anwendungen, S. 374.
[31] Blitz-Stadtmagazin. Halle [Elektronische Ressource]. Adresse: http://www.blitz-stadtmagazin.com/halle/home_hal.htm; Blitz-Stadtmagazin. Thüringen [Elektronische Ressource]. Adresse: http://www.blitz-stadtmagazin.com/thueringen/index.htm; Zeitpunkt. Veranstaltungen in Leipzig und Halle [Elektronische Ressource]. Adresse: http://zeitpunkt.mda.de/events.php

Fernerhin können auch in Gewerbebetrieben Veranstaltungen stattfinden, die die Angebote von Kultur- und Freizeiteinrichtungen substituieren, beispielsweise in Cafés Lesungen oder Konzerte; freie Theaterprojekte treten in wechselnden Lokalitäten auf. Daraus folgen nennenswerte Abgrenzungsprobleme, die anhand der genannten Informationsmedien nicht vollständig darstellbar waren; im Zweifel wurden eindeutig zu ermittelnde Einrichtungen in die Befragung einbezogen.

Im Mittelpunkt der schriftlichen Befragung standen einerseits Aspekte, die die Einrichtungen selbst betrafen, wie z.B. eine Selbsteinschätzung der Barrierefreiheit der Institution, die Inanspruchnahme der eigenen Angebote durch behinderte Menschen, aber auch das von behinderten Nutzern und Nutzerinnen erhaltene Feedback. Ergänzend wurden Aspekte einbezogen, die sich auf die aktive Auseinandersetzung mit dem Thema Barrierefreiheit beziehen, beispielsweise den Informationsaustausch mit anderen Institutionen. Um zu vermeiden, dass die im Fragebogen vorgegebenen Antwortkategorien Antworten in eine bestimmte (als gesellschaftlich erwünscht eingeschätzte) Richtung lenkten[32], wurde für einen Fragekomplex um eine Selbsteinschätzung mittels Skala gebeten und auf die ursprünglich vorgesehene Frage nach zukünftig geplanten Projekten oder Verbesserungen verzichtet; trotzdem sind Fehleinschätzungen oder Beschönigungen möglich. (Der Fragebogen kann im Anhang, Abschnitt 8.6 eingesehen werden.) Die Museumspädagogin eines Leipziger Museums prüfte den Fragebogen im Sinne eines Pretests auf die Verständlichkeit der Fragen und auf eine ungefähre Bearbeitungszeit. Im Zuge der Stichprobenwahl für den im folgenden Abschnitt erläuterten Leistungstest wurden die Einrichtungen telefonisch nach ihrer Zugänglichkeit für Personen im Rollstuhl befragt, gleichzeitig wurde die grundsätzliche Bereitschaft zur Teilnahme an der Befragung eingeholt. So konnte davon ausgegangen werden, dass die Rücklaufquote im Sinne einer höheren Verbindlichkeit positiv beeinflusst würde. Insgesamt 69 Fragebögen wurden im April 2008 versandt. Die Rücklaufquote betrug 52 Prozent (36 Frage-

---

[32] Diekmann, Empirische Sozialforschung. Grundlagen, Methoden, Anwendungen, S. 409.

bögen). Dabei muss angemerkt werden, dass in Halle bedeutend mehr Einrichtungen bereit waren, den Fragebogen zu beantworten (25), als in Jena (11), so beträgt die Rücklaufquote in Halle 63% und in Jena 40%. Im Kapitel 3 erfolgt eine Gegenüberstellung der Verteilung der unterschiedlichen Einrichtungsarten innerhalb des Adressatenkreises und deren Verteilung innerhalb des Rücklaufs.

In methodenkritischer Rückschau zeigen sich begrenzte Mängel von Frage 2. Sie listet in Form einer Fragebatterie einzelne Aspekte, die in Zusammenhang mit Barrierefreiheit stehen, auf und verlangt von den Einrichtungen, die eigene Institution auf einer Skala von eins bis sechs zu verorten. Auf Verständnisprobleme stießen die Aspekte „Kommunikation von Spezialangeboten", „Ergänzende Leistungen" und „Personalschulung". Eine relativ große Zahl von Einrichtungen sah von einer Selbstbewertung hinsichtlich dieser beiden Frageaspekte ganz ab, was einerseits in der unkonkreten Formulierung begründet sein wird, andererseits aber auch darin, dass entsprechende Leistungen und Angebote nicht vorhanden sind und deshalb auch keine Kommunikationsanstrengungen notwendig sind. Hinsichtlich der Personalschulung kam es durch diese Art Fragestellung zu einem kaum zu interpretierenden Ergebnis, von dessen Darstellung abgesehen wurde.

2.4 Leistungstest ausgewählter Kultur- und Freizeiteinrichtungen

2.4.1 Grundstruktur

Den Kern dieser Untersuchung bildet die Datenerhebung in einer Stichprobe von Kultur- und Freizeiteinrichtungen in Halle und Jena. Diese wurden dafür einem Leistungstest aus der Perspektive Behinderter unterzogen. Damit geht die Untersuchung von einer publikumszentrierten Sichtweise auf die Angebote von Kultur- und Freizeiteinrichtungen aus; die organisatorischen, personellen oder finanziellen Voraussetzungen der Einrichtungen und ihrer Dienstleistungen bleiben unberücksichtigt.[33]

Die jeweiligen Angebote werden als eine Abfolge von einzelnen, zum Teil in sich abgeschlossenen Aktivitäten aufgefasst, die von einer Person im Rahmen des Besuchs durchlaufen werden.[34] Dieser „Besucherprozess"[35] dient als ein den Leistungstest in den Einrichtungen stützendes Modell, an das die Methoden der teilnehmenden Beobachtung und des fokussierten (Rückschau-) Interviews anknüpfen und die durch die Analyse des Informationsmaterials der Einrichtungen ergänzt werden. Trotz der zum Teil erheblichen Unterschiede zwischen den Leistungen der einzelnen Einrichtungen lässt sich für jeden Besuch ein dreigliedriger Verlauf feststellen aus der Vorbereitung, dem Besuch selbst und der Nachbereitung[36], wobei Vor- und Nachbereitung insofern als Teil der Dienstleistung zu betrachten sind, dass Medien der Einrichtung verwendet oder persönliche Auskünfte eingeholt werden.

Diese drei Phasen des Besuchsverlaufs wurden weitergehend in einzelne aufeinander folgende Elemente der Dienstleistung untergliedert. Dabei fallen in die erste Phase all jene Aktivitäten, die dem Erwerb der Eintrittskarte vorausgehen, neben der Informationsbeschaffung also der Hinweg und das Betreten der Einrichtung. Die Besuchsphase ist der eigentlichen Inanspruchnahme der Kulturdienstleistung (Kernleistung) gleichzusetzen, daneben enthält sie die Bewegung innerhalb der Einrichtung und wird um Aspekte wie die Nutzung der Garderobe und der sanitären Anlagen ergänzt. Die dritte Phase besteht schließlich aus dem Verlassen der Einrichtung und dem Rückweg, soweit man nicht, wie Hausmann[37], eine weitere Inanspruchnahme der Toiletten oder den Besuch des Museumsshops berücksichtigt. Für die vorliegen-

---

[33] Vgl. Zwischenbericht zum Städtevergleich der Kunstmuseen Bielefeld, Dortmund, Mannheim und Wuppertal, S. 22 f.

[34] Vgl. Hausmann, Besucherorientierung von Museen unter Einsatz des Benchmarking, S. 236.

[35] Ebenda.

[36] Vgl. Hausmann, Besucherorientierung von Museen unter Einsatz des Benchmarking, S. 242.

[37] Vgl. ebenda, S. 242.

de Untersuchung wurden die Elemente Hinweg und Rückweg zur Einrichtung sowie Betreten und Verlassen der Einrichtung zusammengefasst. Für jedes Element wurden Merkmale einer barrierefreien Nutzung formuliert. Dieser „Kriterienkatalog" stellte die Grundlage der Datenerhebung und -auswertung dar. Auf ihn wird im Abschnitt 2.4.4 detailliert eingegangen.

Elemente der Dienstleistung	Erhebungsmethoden
Information [Entschluss zum Besuch]	Inhaltsanalyse der Informationsmedien
[Hinweg / Rückweg]	Rückschauinterview
[Betreten / Verlassen]	Testbesuch, Nachbesuch, Rückschauinterview
Verkauf der Eintrittskarte	Testbesuch, Nachbesuch, Rückschauinterview
↳ Kernleistung (mit Bewegung im Gebäude zusätzlich: sanitäre Einrichtungen, Garderobe	Testbesuch, Nachbesuch, Rückschauinterview

Abb. 1: Leistungstest – Elemente der Dienstleistung und Erhebungsmethoden

2.4.2 Testpersonen und Fallbeispiele

Um ein zutreffendes Bild vom Grad der realisierten Barrierefreiheit zu gewinnen, nutzt der Leistungstest die Sachkenntnis behinderter Testpersonen, die – begleitet von der Verfasserin – die Dienstleistung persönlich in Anspruch nahmen und beurteilten. Auf diesem Wege können jedoch nur von der jeweiligen Behinderungsart bestimmte Facetten von Barrierefreiheit entstehen, sodass erst die Einschätzungen mehrerer Behinderter einen relevanten Eindruck vermitteln.

Dieses aufwendige Verfahren machte es notwendig, sich auf die Betrachtung zweier Arten von Behinderungen und deren Anforderungen an die Barrierefreiheit zu beschränken. Die Auswahl sollte neben mobilitätseingeschränkten (also gehbehinderten oder auf einen Rollstuhl angewiesenen) Personen blinde und hochgradig sehbehinderte Personen umfassen. Auch Letztere sind zur Bewegung und Orientierung auf Blindentechniken wie die Benutzung des Langstocks angewiesen.[38] Der Kontakt zu den Testpersonen gelang über in Halle und Jena ansässige Vereine bzw. Verbände und Einrichtungen der beruflichen Rehabilitation.[39] Die Teilnahme der Testpersonen an der Untersuchung erfolgte auf freiwilliger Basis, was zur Folge hatte, dass sich die Testpersonen je nach persönlichem Interesse für bestimmte Einrichtungen an der Untersuchung beteiligten. Eine exakte Vergleichbarkeit der gewonnenen Daten entsteht daher nicht, da – auch bei gleicher Behinderungsart – verschiedene Testpersonen mitwirkten. (Eine Übersicht über die Institutionen, die diese Untersuchung unterstützt haben, ist im Anhang, Abschnitt 8.1 einzusehen, Kurzporträts der Testpersonen finden sich dort in Abschnitt 8.3.)

Als Grundstruktur ergibt sich folglich eine Bewertung der Kultur- und Freizeiteinrichtungen durch jeweils zwei behinderte Personen – jeweils einmal eine Person mit Gehbehinderung oder im Rollstuhl und einmal eine sehbehinderte oder blinde Person. Dieser Verfahrensweg, die Durchführung mit freiwilligen, nur begrenzt belastbaren oder mitwirkungswilligen Testpersonen schränkte die Menge möglicher Untersuchungsfälle deutlich ein. Die Notwendigkeit, Untersuchungsfälle auszuwählen, ergibt sich aber auch aus dem Bestreben, die in den Einrichtungen stattfindenden Dienstleistungen möglichst umfassend zu analysieren, anstatt ausgewählte Aspekte in großen Fallzahlen nachzuprüfen. Deshalb wurde die Zahl der zu untersuchenden Einrichtungen auf zwölf begrenzt.

---

[38] Walthes, Einführung in die Blinden- und Sehbehindertenpädagogik, S. 52.

[39] In Halle: Allgemeiner Behindertenverband in Halle e. V.; IDEAL e. V.; Berufsförderungswerk Halle (Saale) – Berufliches Bildungszentrum für Blinde und Sehbehinderte. In Jena: Jenaer Zentrum für selbstbestimmtes Leben e.V.; Blinden- und Sehbehindertenverband Thüringen e. V. – Kreisorganisation Jena.

Die Auswahl der Einrichtungen erfolgte schrittweise nach vorgegebenen Kriterien. So sollten die Einrichtungen über regelmäßige Öffnungszeiten oder Veranstaltungen zugänglich sein. Aus diesem Grunde musste beispielsweise das Science Center in Jena ausscheiden, da es saisonal bedingt zum Zeitpunkt der Erhebung nur im Rahmen angemeldeter Führungen besucht werden konnte. Des Weiteren sollten die Einrichtungen möglichst gut mit öffentlichen Verkehrsmitteln erreichbar sein, wodurch innenstadtnahe Einrichtungen eher ausgewählt wurden. Außerdem sollten Einrichtungen in verschiedener Rechtsträgerschaft enthalten sein. Um den Leistungstest mit einer mobilitätseingeschränkten Person durchführen zu können, war die vermutete Rollstuhleignung der Einrichtung Voraussetzung.

Der Schwerpunkt der Untersuchung liegt auf Museen, daher sind diese mit sechs Stichprobenelementen relativ überrepräsentiert. Bei den ausgewählten Museen handelt es sich – in nationaler Perspektive – weder um besonders große, noch um ausgesprochen kleine Einrichtungen, sie können also als „typische Auswahl"[40] im breiten Mittelfeld des Museumswesens betrachtet werden, die darüber hinaus unterschiedliche Rechtsträgerschaften und Museumstypen repräsentieren. Im Einzelnen sind dies: Stadtmuseum Halle – Christian-Wolff-Haus, Händel-Haus Halle, Moritzburg – Kunstmuseum des Landes Sachsen-Anhalt, Schott GlasMuseum Jena, Optisches Museum Jena und Phyletisches Museum Jena.

Ergänzend wurden Einrichtungen in die Untersuchung einbezogen, die der Präsentationsform der Museen ähneln und/oder ebenso wie das Museum während vorgegebener Öffnungszeiten zu besichtigen sind: Zoologischer Garten Halle und Kunstforum Halle.

Kontrastierend wurden aus der Gruppe der Einrichtungen, die anlässlich von Veranstaltungen innerhalb eines Programms zu besuchen sind und deren Kernleistung von den Gästen zumeist sitzend und eher passiv rezipiert wird, folgende für die Untersuchung ausgewählt: CinemaxX Halle Charlotten-Center, Neues

---

[40] Vgl. Flick, Qualitative Sozialforschung. Eine Einführung, S. 107.

Theater Halle, Zeiss-Planetarium Jena und das Veranstaltungszentrum „Volksbad Jena".

Jede dieser Einrichtungen weist als Typ auf andere, nicht in der Stichprobe vertretene Einrichtungen hin. So steht das Ausstellungshaus in Halle für die Vielzahl an Galerien, Ausstellungshäusern und Kunstvereinen in beiden Städten. Der zoologische Garten wurde stellvertretend für eine Gruppe von Einrichtungen ausgewählt, die ferner botanische Gärten sowie Science Center umfasst und naturwissenschaftliche Bildung mit Unterhaltung verbindet. Das ausgewählte Kino steht für eine neuere Generation von Kinos, die sogenannten Multiplex-Kinos mit mehreren Kinosälen und einem breiteren Serviceangebot. In beiden Städten befinden sich sowohl Kinos, die dem hier betrachteten ähneln, als auch kleinere Kinos mit nur einem oder zwei Sälen; für letztere ergibt sich eine gewisse Vergleichbarkeit mit dem hier herangezogenen Planetarium.

Diese Auswahl bedient unterschwellig weitere Gesichtspunkte. So repräsentieren die ausgewählten Einrichtungen beispielsweise die Bandbreite zwischen modernen Zweckbauten und historischen, zu Kultureinrichtungen umgenutzten Gebäuden. (Eine Kurzcharakteristik aller zwölf Einrichtungen findet sich im Anhang, Abschnitt 8.1.)

2.4.3 Herleitung der Untersuchungskriterien

Das Deutsche Institut für Normung e. V. (DIN) hat mit der DIN 18024 „Barrierefreies Bauen" eine Norm für die Schaffung barrierefreier öffentlicher Räume entwickelt. Diese Norm setzt sich aus zwei Teilnormen zusammen: DIN 18024-1 enthält normative Vorschriften für Straßen, Plätze, Wege, öffentliche Verkehrs- und Grünanlagen sowie Spielplätze, während sich DIN 18024-2 auf die barrierefreie Gestaltung öffentlich zugänglicher Gebäude und Arbeitsstätten bezieht. Diese beiden Normdokumente soll mittelfristig eine zusammenfassende Norm DIN 18040 ablösen.

Die vorliegende Untersuchung stützt sich hinsichtlich der baulichen Voraussetzungen für Barrierefreiheit vor allem auf DIN 18024-2. „Diese Norm dient der Planung, Ausführung und Einrichtung von öffentlich zugängigen Gebäuden und Gebäudeteilen sowie von Arbeitsstätten und deren Außenanlagen."[41] Es werden Mindestforderungen formuliert, die den Zugang zu öffentlichen Gebäuden für möglichst alle Behinderungsarten gewährleisten sollen. Öffentlich zugängliche Gebäude sollen demnach von allen Menschen „von fremder Hilfe weitgehend unabhängig" nutzbar sein.[42]

Obwohl angegeben ist, auch die Erfordernisse sehbehinderter und blinder Personen einzubeziehen, fehlt in der DIN 18024-2 der Hinweis auf die optische Gestaltung von Treppen durch Stufenmarkierungen, obschon diesen Markierungen wegen des Sicherheitsempfindens Sehbehinderter eine große Bedeutung zukommt.[43] Diese Forderung hat bereits Eingang in einschlägige Veröffentlichungen[44] gefunden, deshalb wurde sie ergänzend in den Kriterienkatalog aufgenommen.

Da Kultur- und Freizeiteinrichtungen nicht nur daraufhin betrachtet werden, ob sie barrierefrei zugänglich sind, sondern auch daraufhin, ob die in ihnen angebotenen Dienstleistungen tatsächlich nutzbar sind, wurden weitere Dokumente herangezogen, die eher empfehlenden Charakter haben: der DIN-Fachbericht 124 – Gestaltung barrierefreier Produkte und der DIN-Fachbericht 131 – Leitlinien für Normungsgremien zur Berücksichtigung der Bedürfnisse von älteren Menschen und von Menschen mit Behinderungen. Die beiden Fachberichte formulieren Anforderungen an die barrierefreie Gestaltung von Produkten und Dienstleistungen auf einer allgemeinen Ebene (Universal Design)[45]. Diesen allgemeinen Richtlinien wurde der Vorzug vor Empfehlungen gege-

---

[41] DIN 18024-2 Barrierefreies Bauen. Teil 2: Öffentlich zugängige Gebäude und Arbeitsstätten, S. 2.

[42] DIN 18024-2 Barrierefreies Bauen. Teil 2: Öffentlich zugängige Gebäude und Arbeitsstätten, S. 2.

[43] Bolay, Anforderungen von Blinden und Sehbehinderten an die Gestaltung von Treppen, S. 375 f.

[44] Verbesserung visueller Informationen im öffentlichen Raum, S. 80; DIN-Fachbericht 131: Leitlinien für Normungsgremien zur Berücksichtigung der Bedürfnisse von älteren Menschen und von Menschen mit Behinderungen, S. 24.

[45] vgl. DIN-Fachbericht 124: Gestaltung barrierefreier Produkte, S. 17.

ben, die sich speziell auf die barrierefreie Gestaltung von Museen oder Ausstellungen beziehen.[46] Ergänzend war es erforderlich, einzelne Kriterien ohne Herleitung aus Literatur oder Normen festzusetzen; das betrifft insbesondere die Informationsmedien über die Einrichtung und den Hin- und Rückweg.

Die für diese Untersuchung geltenden Kriterien für Barrierefreiheit erheben keinen Anspruch auf Vollständigkeit. Einige Aspekte der Barrierefreiheit konnten nicht vertieft betrachtet werden. So wurde für die untersuchten Einrichtungen nur das grundsätzliche Vorhandensein barrierefreier Sanitärräume dokumentiert, nicht jedoch deren konkrete Gestaltung und Ausstattung.

2.4.4 Kriterien für die Barrierefreiheit von Kultur- und Freizeiteinrichtungen

Eine Einrichtung gilt in dieser Untersuchung als uneingeschränkt barrierefrei, wenn sie die im Folgenden genannten Merkmale erfüllt. (Soweit nicht anders angemerkt, wurden diese in Anlehnung an DIN 18024-2 formuliert.)

Für eine selbstständige Information über die Angebote der Einrichtung und die Zugänglichkeit des Gebäudes weisen die Informationsmedien der Einrichtung (Webseite, Faltblätter, Hinweistafeln) Angaben für behinderte Interessenten auf.[47] Für eine selbstständige und unabhängige Nutzung ist die Einrichtung gut mit dem öffentlichen Personennahverkehr zu erreichen und verfügt über Behindertenparkplätze im Umfeld.[48] Die Bodenbeläge im Freien vor der Einrichtung sind bei jedem Wetter leicht, erschütterungsarm und gefahrlos begeh- und befahrbar.

Je nach Art und Lage des Gebäudes sind bereits im Außenbereich Orientierungshilfen notwendig. Der Zugang erfolgt über (mindestens) einen stufenlosen Eingang. Die lichte Durchgangsbreite

---

[46] Zwei Beispiele: „The Smithsonian Institution Exhibition Accessibility Checklist" und „Leitfaden für eine barrierefreie Gestaltung von Museen für sehbehinderte und blinde Besucher" des deutschen Blinden- und Sehbehindertenverbandes e. V.

[47] Kriterium der Verfasserin.

[48] Kriterium der Verfasserin.

der Eingangstür beträgt mindestens 90 cm, die lichte Höhe 210 cm. Türanschläge und Türschwellen sind zu vermeiden oder maximal 2 cm hoch. Große Glasflächen von Glastüren sind kontrastreich gekennzeichnet. Eine Drehflügeltür ist leichtgängig, bei kraftbetätigten Türen schließen ausreichend große Bewegungsräume und die geeignete Anbringung der Türöffner eine Gefährdung durch die sich öffnende Tür aus. Wenn der barrierefreie Zugang nicht der Haupteingang ist, ist er in angemessener Weise ausgeschildert.[49] Erfolgt der Zugang über eine Rampe, so ist sie mindestens 120 cm breit und verfügt über beidseitige Radabweiser und Handläufe. Ist für einen barrierefreien Zugang die Nutzung eines Aufzugs nötig, so beträgt die Türbreite mindestens 90 cm, sein Fahrkorb hat eine lichte Breite von 110 cm und eine lichte Tiefe von 140 cm. Die Bedienelemente sind in ca. 85 cm Höhe angeordnet und zeichnen sich durch eine kontrastreiche und taktil erfassbare Gestaltung aus.

Der Bereich der Rezeption oder Eintrittskasse weist ausreichend große Bewegungsflächen von mindestens 150 x 150 cm auf. Zur rollstuhlgerechten Nutzung sollte die Höhe von Tresen und Serviceschaltern 85 cm betragen. Sind mehrere gleichartige Einrichtungen vorhanden, so ist mindestens ein Element in dieser Höhe anzuordnen und unterfahrbar auszubilden; dabei ist auf Kniefreiheit zu achten.

Die Orientierung während der Bewegung innerhalb der Einrichtung unterstützen geeignete Orientierungshilfen; diese sind signalwirksam angeordnet, damit Hinweise deutlich und frühzeitig erkennbar sind, etwa durch Hell-Dunkel-Kontrast. Größe und Art der Schriftzeichen ermöglichen eine gute, blendfreie Lesbarkeit. Zusätzlich sind tastbare Orientierungshilfen anzubieten, beispielsweise durch unterschiedlich strukturierte Oberflächen. Auch taktile Hinweise auf Geschossebenen am Ende von Handläufen werden als Orientierungshilfe aufgefasst.

Innerhalb des Gebäudes – einschließlich der Inanspruchnahme der Kernleistung – ist eine stufenlose Erreichbarkeit aller Gebäudeebenen, gegebenenfalls mittels Aufzug oder Rampe (Anforderun-

---

[49] Kriterium der Verfasserin.

gen siehe oben) gewährleistet. Hindernisse wie (Tür-) Schwellen, Türanschläge, aber auch Kanten und Vorsprünge sind zu vermeiden, mindestens aber deutlich zu kennzeichnen. Personen im Rollstuhl benötigen Bewegungsflächen in den Abmaßen von mindestens 150 x 150 cm als Wendemöglichkeit in jedem Raum, am Anfang und Ende von Rampen, vor Serviceschaltern sowie vor Kassen, Durchgängen, Türen und Aufzügen. Hauptwege im Gebäude, etwa Flure oder Flächen an Treppenauf- und -abgängen sind mindestens 150 cm breit, Nebenwege mindestens 90 cm.

Die Treppen verlaufen geradlinig und sind beidseitig mit Handläufen versehen. Der innere Handlauf am Treppenauge ist nicht unterbrochen, während der äußere Handlauf in 85 cm Höhe 30 cm waagerecht über den Anfang und das Ende der Treppe hinausragt. Zumindest die erste und letzte Stufe ist kontrastreich markiert.[50] Die Bodenbeläge sind rutschhemmend, antistatisch, rollstuhlgeeignet und fest verlegt.

Türen innerhalb des Gebäudes besitzen entsprechend den Anforderungen an den Eingangsbereich eine lichte Breite von 90 cm und eine lichte Höhe von 210 cm. Verkehrsflächen, Treppen und Treppenpodeste sind blend- und schattenfrei sowie gleichmäßig beleuchtet. Grelles Licht und plötzliche Veränderungen der Leuchtdichte werden vermieden.

Behindertengerechte Sanitärräume sind vorhanden. Die Garderobe ist von Behinderten selbstständig nutzbar.[51]

In Besichtigungsbetrieben (Ausstellungen) gelten zusätzlich folgende Kriterien: Sitzgelegenheiten sind in angemessener Zahl vorhanden.[52] Die Beleuchtung ist blendfrei, plötzliche Veränderungen der Leuchtdichte werden vermieden.[53] Die Präsentation der Objekte sowie die Gestaltung der Objektbeschriftungen sind auch für den Nutzer eines Rollstuhls angemessen.[54] Es werden Alternativen zur schriftlichen Information vorgehalten nach dem

---

[50] Vgl. Verbesserung visueller Informationen im öffentlichen Raum, S. 80.
[51] Kriterium der Verfasserin.
[52] DIN-Fachbericht 131, S. 24.
[53] DIN-Fachbericht 124, S. 24.
[54] DIN-Fachbericht 124, S. 18.

„Zwei-Kanal-Prinzip" oder durch den Einsatz alternativer Formate, etwa Tastobjekte und Modelle, um Produkte oder Dienstleistungen „durch eine zusätzliche motorische oder sensorische Fähigkeit zugänglich zu machen".[55]

In Einrichtungen, deren Kernleistungen passiv, sitzend rezipiert werden (Kino, Konzertsaal usw.) gelten zusätzlich folgende Kriterien: Die Plätze für Personen im Rollstuhl sind mindestens 95 cm breit und 150 cm tief und ermöglichen eine gute Sicht auf die Bühne. Eine Audiodeskription (akustische Bildbeschreibung) macht Film- und Theateraufführungen für Blinde und Sehbehinderte barrierefrei.[56]

2.4.5 Methodik des Leistungstests

Der Inhalt ausgewählter Informationsmedien (Faltblätter, Broschüren und Internetpräsenz) der untersuchten Einrichtungen wurde daraufhin betrachtet, ob Bezug auf Behinderte genommen wird. Ergänzend wurde im Rahmen der Testbesuche geprüft, ob ein potenzieller Gast vor Ort, aber noch vor Betreten der Einrichtung, über die Zugänglichkeit informiert wird, beispielsweise durch ein Hinweisschild. Obwohl möglichst alle Aspekte, die für die Bewertung der Barrierefreiheit der Einrichtungen von Bedeutung sind, in die Erhebung einbezogen werden sollten, musste auf eine Bewertung der Barrierefreiheit der Internetpräsentationen verzichtet werden. Es handelt sich dabei um ein komplexes Thema mit detaillierten Bewertungsmaßstäben, das einer gesonderten Untersuchung bedürfte. (Ein Nachweis über die untersuchten Informationsmedien befindet sich im Anhang, Abschnitt 8.1.)

Die im Rahmen dieser Untersuchung durchgeführten Beobachtungen in den Institutionen erfolgten als Testbesuche, jeweils in Begleitung einer behinderten Person. Die Untersuchungssituation sollte sich nicht von einem gewöhnlichen Besuch unterscheiden, sie wurde aber in ihrer spezifischen Konstellation (Testperson und Verfasserin) gezielt geplant und herbeigeführt. Die Wahl des Untersuchungszeitpunkts orientierte sich am Zeitbudget der

---

[55] DIN-Fachbericht 131, S. 7.
[56] Vgl. DIN-Fachbericht 131, ebenda.

Testpersonen. Die Einrichtungen wurden während der Öffnungszeiten besucht oder aus dem Programm der Einrichtung wurde eine Veranstaltung als Untersuchungssituation ausgewählt. Mit dem Eintreffen vor der Einrichtung begann jeweils die eigentliche Untersuchungssituation. Neben baulichen Aspekten sollten auch die tatsächliche Nutzbarkeit der Dienstleistungsangebote sowie Reaktionen und unterstützende Tätigkeiten des Personals im Fokus stehen. Für alle Gesichtspunkte gilt grundsätzlich, dass die Bewertung der Barrierefreiheit dem subjektiven Eindruck der Testperson folgt, ob die vorgefundene Situation funktional erscheint, und nicht vorrangig der zentimetergenauen Einhaltung von Normen. Es erwies sich als notwendig, die während der Testbesuche erhobenen Daten im Rahmen von Nachbesuchen ohne Testperson zu vervollständigen.

Die Dokumentation der Beobachtung erfolgte mit Hilfe eines entsprechend der Dienstleistungselemente (vgl. Abschnitt 2.4.1) strukturierten Beobachtungsprotokolls. Darüber hinaus wurde anhand der erhobenen Einzeldaten eine Verdichtung anhand eines ergänzenden Erhebungsbogens, der die für diese Untersuchung definierten Kriterien für barrierefreie Einrichtungen beinhaltet, vorgenommen. So sollte eine möglichst hohe Durchführungsobjektivität auch eine möglichst hohe Vergleichbarkeit der Daten gewährleisten. Dieser Erhebungsbogen wurde im Rahmen von Nachbesuchen ergänzt und um die im Rahmen der Analyse der Informationsmedien erhobenen Daten vervollständigt. (Das Formular des Beobachtungsprotokolls und der Erhebungsbogen können im Anhang, Abschnitte 8.4 und 8.5, eingesehen werden.)

Die im Rahmen der Testbesuche durchgeführte Beobachtung ergänzt eine kurze, teilstandardisierte Befragung der Testpersonen zum subjektiv wahrgenommenen Besuchsverlauf. Dieses Rückschauinterview diente der Rekapitulation und Bewertung des Besuchs der Einrichtung und orientierte sich daher an den Dienstleistungselementen. Es wurde durch die Erhebung soziodemographischer Angaben ergänzt und durch Fragen zum Freizeitverhalten der Testpersonen zum Abschluss gebracht. Das Rückschauinterview erfolgte im Anschluss an den Besuch der Einrichtung. Die Ergebnisse der Fremdbeobachtung durch die Verfasserin werden somit durch Beurteilungen, die auf der Eigenbeobachtung der Testpersonen beruhen, ergänzt.

Die Grundstruktur des Fragebogens wird durch die Dienstleistungselemente vorgegeben. Jedes Element sollte durch die Testperson auf einer Skala von 1 bis 6 (1 = sehr gut und 6 = ungenügend) bewertet werden. Ergänzend wurde für jedes Element mit Hilfe einer offenen Frage erhoben, was der Testperson besonders aufgefallen ist. Gegebenenfalls wurde durch eine Nachfrage präzisierend nach besonders positiven oder negativen Eindrücken unterschieden. Der zweite Teil des Fragebogens diente der Abfrage von Angaben zur Testperson und ihrem Freizeitverhalten. (Der Fragebogen findet sich im Anhang, Abschnitt 8.6.)

2.4.6 Durchführung und Auswertung

Der erste Testbesuch am 26.03.2008 war als Pre-Test angelegt. Aufgrund der schwierigen Organisation der Testbesuche wurde er in die Auswertung einbezogen. Eine Änderung ergab sich nur hinsichtlich des genutzten Beobachtungsprotokolls, das ursprünglich stärker strukturiert war. Die oben beschriebene doppelte Dokumentation mittels zweier einander ergänzender Erhebungsinstrumente erwies sich als die praktikablere Lösung. Darüber hinaus wurde deutlich, dass besonders beim Besuch mit Blinden und Sehbehinderten die Rolle der Verfasserin stark zwischen Beobachterin und assistierender Begleitperson wechselte. So mussten beispielsweise sehbehinderte Personen auf potenzielle Gefährdungen und Hindernisse hingewiesen, blinde Personen geführt werden. Um die baulichen Aspekte der Einrichtungen bewerten zu können, wurden deshalb Nachbesuche ohne Testperson durchgeführt.

Im Zeitraum vom 26.03.2008 bis 19.04.2008 wurden insgesamt 15 Testbesuche durchgeführt. In diesem Zusammenhang fanden ebenfalls 15 Rückschauinterviews mit insgesamt zwölf Testpersonen statt. Die Antworten wurden schriftlich aufgezeichnet, daher handelt es sich in allen Fällen um sinngemäße Äußerungen der Befragten.

Die ursprüngliche Planung einer Doppelerhebung in den ausgewählten Einrichtungen erwies sich als unrealistisch: Wetter, Erkrankungen, zeitliche Engpässe der Testpersonen, defekte Rollstühle usw. führten dazu, dass nur einige Einrichtungen doppelt besucht werden konnten. Daher musste die Zugänglichkeit für mobilitätseingeschränkte Personen in sechs Einrichtungen ohne die Unterstützung einer Testperson erhoben werden. Gleiches gilt für drei Einrichtungen, die nicht in Begleitung einer sehbehinderten oder blinden Testperson besucht wurden. Für diese Einrichtungen ist also nur die Einschätzung der Verfasserin maßgebend, die eine Bewertung anhand der im Abschnitt 2.4.4 aufgeführten Kriterien vornahm. (Eine Übersicht, die den besuchten Einrichtungen die Testpersonen zuordnet, befindet sich im Anhang, Abschnitt 8.2.)

In die Auswertung des Leistungstests wurden sowohl die auf der Grundlage der Testbesuche und Nachbesuche in den Einrichtungen von der Verfasserin angefertigten Beobachtungsprotokolle und Erhebungsbögen als auch die Einschätzungen und Bewertungen der Testpersonen im Rückschauinterview einbezogen. Dabei ist zu beachten, dass die Einschätzungen der Testpersonen sich meist auf einen bestimmten Aspekt des jeweiligen Dienstleistungselements beschränken, der besonders in Erinnerung blieb. Im Gegensatz dazu berücksichtigen die Beobachtungsprotokolle der Verfasserin alle Aspekte des aufgestellten Kriterienkatalogs und sind somit „vollständiger". Die Auswertung der erhobenen Daten erfolgt verbal, in ausgewählten Fällen wurden zur besseren Veranschaulichung Tabellen genutzt.

Da es sich um öffentliche Einrichtungen handelt, deren Internetpräsentation und Faltblätter frei zugänglich sind, erübrigt sich die anonymisierte Auswertung der erhobenen Daten. Um die Darstellung übersichtlicher zu gestalten, wurden die Eigennamen der Einrichtungen im Text durch Sigel ersetzt. (Die Zuordnung ermöglicht die Zusammenstellung der Einrichtungen im Anhang, Abschnitt 8.1.)

Die Daten der schriftlichen Befragung wurden aufbereitet und statistisch ausgewertet. Die entsprechenden Häufigkeitstabellen ergänzen die verbale Ergebnisdarstellung. Bei den Leistungstests erschien es zweckmäßig, die Ergebnisse aus der Sichtung der Informationsmaterialen gesondert zu schildern, im Übrigen jedoch Befunde, die mit den verbleibenden Methoden zustande kamen, nach der Behinderungsart der Testperson zu trennen, innerhalb dieser Gruppe jedoch zusammenzuführen. Der anschließende Analyseschritt stellt ausgewählte Aspekte des Befragungsergebnisses dem Ergebnis der Testbesuche gegenüber, um Differenzen und Gemeinsamkeiten in den Sichtweisen von Verantwortlichen und von behinderten Gästen aufzudecken.

3 Auswertung der Befragung von Kultur- und Freizeiteinrichtungen

3.1 Überblick

Der Adressatenkreis der Befragung umfasst 69 Kultur- und Freizeiteinrichtungen, unter denen – im Sinn des Untersuchungsinteresses – Museen die größte Gruppe bilden, gefolgt von „Galerien" (einschließlich sonstige Ausstellungsorte wie Kunstvereine) und der heterogenen Gruppe der Musikaufführungsstätten (nachfolgend „Konzertstätten"). Geringere Anteile entfallen auf die Gruppen Bühne und Kino sowie die Sammelrubrik „Sonstige" (Zoo, botanischer Garten, Science Center und Planetarium).

Vergleicht man diese Verteilung mit derjenigen innerhalb des Rücklaufs (36 Einrichtungen), so fällt auf, dass Museen stärker vertreten sind und auch die „Galerien" ihren Anteil vergrößern konnten, beide Einrichtungsarten also die höchsten Rücklaufquoten aufweisen. Die niedrigste Rücklaufquote ist für die Bühnen (Opernhäuser, Theater, Kabaretthäuser) zu verzeichnen: Von acht angeschriebenen Einrichtungen beantworteten nur zwei den Fragebogen. Für Konzertstätten, Kinos und sonstige Einrichtungen blieb der Anteil nahezu unverändert. Unter die letzte Kategorie fallen innerhalb des Rücklaufs zwei Planetarien, ein Zoo und ein botanischer Garten. Alle Einrichtungen außer den Bühnen finden sich also mit guten Quoten im Rücklauf wieder.

	Absolute Häufigkeit		Relative Häufigkeit	
	Adressaten	Rücklauf	Adressaten	Rücklauf
Museum	21	13	30,4%	36,1%
„Galerie"	12	7	17,4%	19,4%
Bühne	8	2	11,6%	5,6%
Konzertstätte	13	6	18,8%	16,6%
Kino	8	4	11,6%	11,1%
Sonstige	7	4	10,1%	11,1%

Tab. 1: Häufigkeitsverteilung der Einrichtungen innerhalb von Adressaten-kreis und Rücklauf

Für die Auswertung wurden die Ergebnisse der Befragung nach drei Gesichtspunkten gruppiert: Auf die Selbsteinschätzung der Einrichtungen (Fragen 2 und 6) folgen deren Angaben zu Information und Kooperation (Fragen 3 und 4) und deren Angaben bezüglich Behinderter als Gäste (Fragen 1 und 5).

Durch eine offene Frage und ergänzende Kommentare der Einrichtungen ergeben sich teilweise Rückschlüsse auf die Bewertungen oder Einordnungen, die die Einrichtungen innerhalb der anderen, geschlossen formulierten Fragen äußerten. Wo es sinnvoll erschien, wird sofort im Rahmen der Auswertung der entsprechenden geschlossenen Frage darauf Bezug genommen.

Die antwortenden Einrichtungen setzen sich zusammen aus 22 Einrichtungen, die während vorgegebener Öffnungszeiten besucht werden können, und 16 Einrichtungen, für die der Besuchsanlass eine im Programm angekündigte Veranstaltung ist. Deshalb wurde die Gruppierung der Einrichtungen innerhalb der Auswertungstabellen solcherart vorgenommen, dass die entsprechenden Einrichtungen in einem Block zusammenstehen. Zudem wurde eine Differenzierung des zweiten Einrichtungstyps vorgenommen, sodass Einrichtungen, deren Kernleistung eher die akustische Wahrnehmung anspricht, gesondert betrachtet werden. Aufgrund der kleinen Fallzahlen für Bühnen und Planetarien erschien es sinnvoll, nicht nur das Antwortverhalten der einzelnen Einrichtung zu berücksichtigen, sondern auch zu versuchen, den Bezug zu ähnlichen Einrichtungen herzustellen. Abschließend wird auf abweichende Bewertungsmuster einzelner Einrichtungen und Einrichtungsarten Bezug genommen und es werden die zentralen Ergebnisse der Befragung kurz zusammengefasst.

3.2 Selbsteinschätzung der baulichen Barrierefreiheit

Frage 2 verlangte von den Einrichtungen, sich hinsichtlich einiger Aspekte, die im Zusammenhang mit Barrierefreiheit betrachtet werden können, jeweils auf einer Skala von eins (sehr gut) bis sechs (ungenügend) zu verorten. Bewertet werden sollten bauliche Aspekte, Informations- und Kommunikationsmaßnahmen, dienstleistungsergänzende Spezialangebote und Personalschulung.

Mehrere Einrichtungen beantworten diese Fragen nur ausschnitthaft. Ein Museum bewertete lediglich seine bauliche Situation und erwähnt in einem den Fragebogen ergänzenden Kommentar „fehlende Kapazitäten zur Berücksichtigung spezieller Zielgruppen". Ein anderes Museum, das ebenfalls nur seine bauliche Situation (mit 1) bewertet, führt an, dass ein Besuch des Museums ausschließlich im Rahmen von Führungen möglich sei. Von einer Bewertung mehrerer Aspekte dieser Frage sehen außerdem ein weiteres Museum, ein Theater, eine Konzertstätte, drei Kinos sowie ein Planetarium ab.

Hinsichtlich der baulichen Situation ordnet sich die Mehrzahl der Einrichtungen (29, das sind 81%) in der oberen Hälfte der Skala ein, mit einer leichten Bevorzugung des Wertes 2 mit 14 Nennungen (39%). Nur sieben Einrichtungen ordnen sich in der unteren Hälfte der Skala ein, und zwar bis auf eine Ausnahme im Schulnoten-Bereich „nicht bestanden" (5 und 6). Eine Vier-Fünftel-Mehrheit aller Einrichtungen schätzt die eigene bauliche Situation befriedigend oder besser ein, zwei Drittel bewerten sich gut oder sehr gut.

Bewertung	1	2	3	4	5	6
Museum	3	4	4	–	1	1
„Galerie"	1	3	1	–	–	2
Zoo, botan. Garten	–	2	–	–	–	–
Kino	1	1	1	–	1	–
Bühne	1	–	–	1	–	–
Planetarium	–	1	–	–	1	–
Konzertstätte	2	2	1	–	–	–
Insgesamt	8	14	7	1	3	3

Tab. 2: Selbstbewertung der baulichen Barrierefreiheit. (Hier und in den folgenden Tabellen: Bewertung mit „Schulnoten" von „sehr gut" bis „ungenügend"; – = Wert wurde nicht ausgewählt)

Die frei formulierten Angaben zur Frage 5 oder als Ergänzung des Fragebogens kommentieren bei einigen Einrichtungen deren bauliche Situation. Die Angaben von vier Einrichtungen deuten an, dass die Selbstbewertungen möglicherweise zu guten Noten tendieren: So beurteilt ein Museum die bauliche Situation mit 1, gibt allerdings im Kommentar an, dass es „von der Einstufung her ‚nur' bedingt behindertengerecht [ist], denn die sanitären Einrichtungen sind nicht für Rollstuhlfahrer geeignet/erreichbar." Zwei „Galerien" nehmen eine Bewertung mit 2 vor, in beiden ist jedoch ihrer Aussage zufolge nur das Erdgeschoss rollstuhlgerecht zugänglich; die erste Etage ist, da kein Aufzug vorhanden ist, jeweils nur über Treppen zu erreichen. Eine andere Einrichtung, die sich ebenfalls mit 2 bewertet, gibt allerdings an, dass „manchmal [...] Treppen einfach ein zu großes Hindernis [sind]."

3.3 Selbsteinschätzung der Kommunikationsleistungen zum Thema Barrierefreiheit

Frage 2 forderte die Befragten auf, die Kommunikation der eigenen baulichen Situation auf einer Skala von 1 bis 6 einzuordnen. Aufgrund der Fragestellung ist zu berücksichtigen, dass sich die Einrichtungen auf die verschiedensten Arten der Kommunikation beziehen können. Denkbar sind beispielsweise telefonische Auskünfte, Pressemitteilungen, Faltblätter oder Internetauftritt. Es verorten sich insgesamt 23 Einrichtungen (64%) in der oberen Hälfte der Skala, davon beurteilen 16 Einrichtungen (44%) ihre Maßnahmen zur Kommunikation mit dem Wert 2. Neun Einrichtungen, also rund ein Viertel, beurteilen die Kommunikation ihrer baulichen Situation mit einem Wert auf der unteren Hälfte der Skala; hier sind „Galerien" besonders stark vertreten. Alle anderen Einrichtungsarten tendieren dazu, sich eher positiv zu bewerten. Vier Einrichtungen, darunter drei Museen, nehmen keine Bewertung vor.

Bewertung	1	2	3	4	5	6	keine Angabe
Museum	1	5	3	1	–	–	3
„Galerie"	–	2	–	2	2	1	–
Zoo, botan. Garten	–	2	–	–	–	–	–
Kino	–	2	1	1	–	–	–
Bühne	1	1	–	–	–	–	–
Planetarium	–	1	–	1	–	–	–
Konzertstätte	–	3	1	1	–	–	1
Insgesamt	2	16	5	6	2	1	4

Tab. 3: Selbstbewertung der eigenen Kommunikationsleistungen zur baulichen Situation

Etwas problematischer stellt sich die Auswertung des nächsten Aspektes von Frage 2 dar. Hier wurden die Befragten um eine Einordnung der Kommunikation ihner speziellen Angebote gebeten. Es ist anzunehmen, dass die Fragestellung zu Missverständnissen seitens der Befragten führte, was sich auch in der relativ hohen Zahl von Einrichtungen zeigt, die keine Einordnung vornehmen (8 oder 22%). Der Schwerpunkt der Antworten liegt diesmal in der Mitte der Skala, bei den Werten 3 und 4, mit jeweils neun Zuordnungen (insgesamt 50%). Die Extrempositionen 1 und 6 wurden von jeweils nur einer Einrichtung ausgewählt. Unter den Museen und „Galerien", vor allem aber unter den Kinos, Bühnen und Planetarien, gibt es verhältnismäßig viele Einrichtungen, deren Bewertung eher negativ ausfällt oder die auf eine Bewertung verzichten.

Bewertung	1	2	3	4	5	6	keine Angabe
Museum	1	–	4	3	1	–	4
„Galerie"	–	–	2	3	2	–	–
Zoo, botan. Garten	–	1	1	–	–	–	–
Kino	–	–	–	2	–	–	2
Bühne	–	1	–	–	1	–	–
Planetarium	–	–	–	–	1	–	1
Konzertstätte	–	1	2	1	–	1	1
Insgesamt	1	3	9	9	5	1	8

Tab. 4: Selbstbewertung der Kommunikation eigener Spezialangebote für Behinderte

3.4 Selbsteinschätzung ergänzender Leistungen für Sehbehinderte und Blinde

Im nächsten Schritt war eine Bewertung der Einrichtung gewünscht hinsichtlich des Angebots ergänzender Leistungen wie Audiodeskription, Punktschrift, Großdruck oder alternativer Audioformate, also Angebote, von denen vor allem Blinde und Sehbehinderte profitieren. Es gibt wiederum acht Einrichtungen, die keine Einordnung vornehmen, darunter Kinos und Museen. Darüber hinaus können die Antworten zweier Museen nicht in die Auswertung einbezogen werden: Diese Einrichtungen ordnen den vorgeschlagenen Beispielen Einzelbewertungen zu, sodass für diese Einrichtungen zwar keine Selbstbewertung vorliegt, ihre Antworten jedoch ergänzende Leistungen wie Audioformate oder Großschrift anzeigen. Nur sieben Einrichtungen ordnen sich einen Wert zwischen 1 und 3 zu, schätzen also ihre ergänzenden Leistungen als positiv ein, während sich 19 Einrichtungen mit Einordnungen zwischen 4 und 6 eher negativ bewerten. Auffällig ist, dass sich insgesamt 13 Einrichtungen hinsichtlich dieses Aspekts mit „ungenügend" (6) beurteilen.

Insgesamt fällt die Bewertung der Einrichtungen hier noch negativer aus als hinsichtlich der Kommunikation von Spezialangeboten, eine Verschlechterung von einem Bewertungspunkt oder mehr ist bei 18 Einrichtungen zu verzeichnen. Extreme Abweichungen zwischen den beiden Bewertungen liegen bei fünf Einrichtungen vor, darunter ein Museum, ein Theater, zwei Konzertstätten und ein botanischer Garten. Die Bewertung ergänzender Leistungen fällt bei diesen Einrichtungen um mehr als zwei Bewertungspunkte schlechter aus als die der Bewertung der Kommunikation von Spezialangeboten. Daher ist anzunehmen, dass diese Einrichtungen ermäßigte Eintrittspreise oder Veranstaltungen, die sich speziell an Behinderte wenden, anbieten und kommunizieren, allerdings nicht über ergänzende Leistungen verfügen, die den vorgegebenen Beispielen entsprechen. Einrichtungen, die hinsichtlich der Kommunikation von Spezialangeboten keine Bewertung vornahmen, enthalten sich überwiegend auch der Bewertung ergänzender Leistungen. Ebenso tendieren Einrichtungen, die sich einmal eher negativ bewerteten, dazu, dies auch ein zweites Mal zu tun.

Bewertung	1	2	3	4	5	6	keine Angabe	ungültig
Museum	–	2	1	1	2	3	2	2
„Galerie"	–	1	1	–	1	4	–	–
Zoo, botan. Garten	–	–	1	–	1	–	–	–
Kino	–	–	–	–	1	–	3	–
Bühne	–	–	–	–	–	1	1	–
Planetarium	–	–	–	–	–	1	1	–
Konzertstätte	–	1	–	–	–	4	1	–
Insgesamt	–	4	3	1	5	13	8	2

Tab. 5: Selbstbewertung eigener ergänzender Leistungen für Sehbehinderte und Blinde

3.5 Zugänglichkeit im Vergleich zu anderen Einrichtungen

Frage 6 verlangte die Bewertung der Zugänglichkeit der eigenen Einrichtung im Vergleich zu anderen Einrichtungen. Zunächst war gefordert, die Zugänglichkeit der eigenen Einrichtung mit der angenommenen oder wahrgenommenen Zugänglichkeit anderer Einrichtungen im Kultur- und Freizeitsektor zu vergleichen. Dabei gab es drei Abstufungen: gut, durchschnittlich, weniger gut. Fast die Hälfte der Einrichtungen (17) schätzt sich dabei als „gut" ein. Als „durchschnittlich" bewerten sich elf Einrichtungen, sodass insgesamt 28 Einrichtungen (78%) einen Vergleich ohne nachteiliges Ergebnis annehmen. Nur sieben Einrichtungen bewerten sich mit „weniger gut".

Bewertung	gut	durch-schnittlich	weniger gut	weiß nicht	keine Angabe
Museum	8	3	2	–	–
„Galerie"	2	2	2	–	1
Zoo, botan. Garten	1	1	–	–	–
Kino	1	2	1	–	–
Bühne	1	–	1	–	–
Planetarium	1	–	1	–	–
Konzertstätte	3	3	–	–	–
Insgesamt	17	11	7	–	1

Tab. 6: Selbstvergleich der Zugänglichkeit der eigenen Einrichtung mit derjenigen anderer Kultur- und Freizeiteinrichtungen

Der zweite Teilaspekt der Frage 6 weitet den Blick auf Einrichtungen im Bereich der Hotellerie und Gastronomie. Wiederum sollten die Befragten einordnen, wie barrierefrei ihre Einrichtung im Vergleich zu solchen Unternehmen ist. Acht Befragte machen keine Angabe oder notieren, keine Einordnung vornehmen zu können. Auch hier ordnen sich immerhin elf Einrichtungen als „gut" ein. Ergänzt man diese um die neun sich als „durchschnittlich" einschätzenden Einrichtungen, so ergeben sich zwanzig Einrichtungen (56 %), die meinen, den Vergleich zu Hotels und Gaststätten bestehen zu können.

Bewertung	gut	durch-schnittlich	weniger gut	weiß nicht	keine Angabe
Museum	6	3	2	–	2
„Galerie"	2	2	3	–	–
Zoo, botan. Garten	–	1	–	–	1
Kino	–	1	1	1	1
Bühne	–	–	1	1	–
Planetarium	1	–	1	–	–
Konzertstätte	2	2	–	1	1
Insgesamt	11	9	7	3	5

Tab. 7: Selbstvergleich der Zugänglichkeit der eigenen Einrichtung mit Hotellerie und Gastronomie

3.6 Informationsbeschaffung und Erfahrungsaustausch

Frage 3 erkundete, ob sich die Institutionen Informationen beschafft haben, um ihre Angebote besser auf die Bedürfnisse von Behinderten einstellen zu können. Die Frage war pragmatisch eingegrenzt auf die auch im Leistungstest berücksichtigten Behinderungsarten. Insgesamt 25 Einrichtungen geben an, sich über die genannten Behinderungsarten informiert zu haben, 13 davon ausschließlich über Personen im Rollstuhl oder mit Gehbehinderung und drei ausschließlich über Blinde und Sehbehinderte. Neun Einrichtungen berichten, Informationen zu beiden Behinderungsarten eingeholt zu haben. Elf Einrichtungen geben nichts an; daraus ist zu folgern, dass sie sich zu keiner der beiden Behinderungsarten Informationen beschafft haben.

	Personen im Roll-stuhl / Geh-behinderte	Blinde / Seh-behinderte	beide Behinde-rungs-arten	keine Angabe
Museum	4	1	5	3
„Galerie"	3	1	2	1
Zoo, botan. Garten	–	–	1	1
Kino	2	–	–	2
Bühne	1	–	–	1
Planetarium	–	1	–	1
Konzertstätte	3	–	1	2
Insgesamt	13	3	9	11

Tab. 8: Angaben einer Informationsbeschaffung über einzelne Behinderungsarten

Frage 4 zielt auf den Erfahrungsaustausch mit anderen Einrichtungen hinsichtlich Barrierefreiheit und Zugänglichkeit ab. Dafür wurden mehrere Antwortkategorien vorgegeben, die die Einrichtungen jeweils als zutreffend auswählen konnten. Elf Einrichtungen, darunter drei Kinos, machen keine Angaben hinsichtlich solchen Erfahrungsaustauschs und scheinen daher diesbezüglich nicht aktiv zu sein. Die vorgegebenen Möglichkeiten werden von den übrigen Einrichtungen nahezu gleichmäßig ausgewählt, es sind kaum Unterschiede in der Häufigkeit der Nennung von anderen Kultur- und Freizeiteinrichtungen, Behörden und Behindertenverbänden festzustellen. Neun Befragte geben an, sich mit anderen als den vorgegebenen Institutionen auszutauschen. Es gibt sieben Einrichtungen, die sowohl bezüglich dieser als auch der vorhergehenden Frage keine Angaben machen, daher sind sie vermutlich weder hinsichtlich der Informationsbeschaffung noch des Erfahrungsaustauschs tätig geworden.

Die Museen legen ein gewisses Ungleichgewicht an den Tag, da sie eher den Austausch mit anderen Kultur- und Freizeiteinrichtungen suchen als mit Behindertenverbänden oder sonstigen Organisationen. Das mag man als Zeichen guter Vernetzung innerhalb des Kulturbereichs oder einer straffen Einbindung in behördliche Strukturen interpretieren, aber auch als Hinweis auf eine schwächere Bereitschaft, die Betroffenenperspektive direkt aufzugreifen.

	Kultur- u. Freizeit-einrichtung	Behörde	Verband	sonstige	keine Angabe
Museum	7	6	4	2	2
„Galerie"	–	1	2	3	2
Zoo, botan. Garten	1	–	1	–	1
Kino	1	–	1	–	3
Bühne	–	1	–	1	1
Planetarium	--	–	1	1	1
Konzertstätte	2	3	3	2	1
Insgesamt	11	11	12	9	11

Tab. 9: Angaben eines Erfahrungsaustauschs wegen Barrierefreiheit (einschl. Mehrfachnennungen)

3.7 Erfahrungen mit behinderten Gästen

Frage 1 verlangte eine Einschätzung der Häufigkeit des Besuchs der Einrichtung durch behinderte Menschen. Einschränkend ist zu bemerken, dass die vorgegebenen Kategorien „häufig", „gelegentlich", „selten", „eigentlich nie" von jeder Einrichtung unterschiedlich aufgefasst werden können. Dennoch erlauben die Angaben

Rückschlüsse auf die Besuchshäufigkeit und vor allem die Wahrnehmung Behinderter als Konsumenten kultureller Leistungen.

Personen, die gehbehindert sind oder einen Rollstuhl nutzen, werden von der Hälfte der Einrichtungen subjektiv als gelegentliche Gäste eingeordnet. Sechs Einrichtungen nehmen diese Personen als häufige Gäste wahr, während zehn Einrichtungen angeben, sie selten wahrzunehmen. Geht man nur von der Tatsache des Besuchs, unabhängig von dessen wahrgenommener Häufigkeit aus, so wurden in 34 der befragten Einrichtungen mobilitätseingeschränkte Personen als Gäste registriert. Interessant ist festzustellen, dass nur zweimal angegeben wurde, mobilitätseingeschränkte Personen kämen eigentlich nie in die Einrichtung. Letzteres könnte beispielsweise in baulichen Hindernissen begründet sein, die einen Besuch durch diese Personengruppen generell ausschließen.

	häufig	gelegentlich	selten	eigentlich nie
Museum	2	8	3	–
„Galerie"	–	3	2	2
Zoo, botan. Garten	–	2	–	–
Kino	2	1	1	–
Bühne	1	1	–	–
Planetarium	–	–	2	–
Konzertstätte	1	3	2	–
Insgesamt	6	18	10	2

Tab. 10: Einschätzungen aus den Kultureinrichtungen, in welchem Maß Personen mit Rollstuhl oder mit Gehbehinderung unter ihren Gästen sind.

Zwei Einrichtungen, eine „Galerie" und ein Theater, sind der Meinung, blinde und sehbehinderte Personen zählten zu ihren häufigen Gästen. Neun Einrichtungen schätzen ein, dass diese Personen gelegentlich in Erscheinung treten. Mehr als ein Drittel der Einrichtungen (14 von 36, oder 39%) nehmen Blinde und Sehbehinderte nur als seltene Gäste wahr. Geht man wie oben nur von der Tatsache des Besuchs aus, unabhängig von dessen Häufigkeit, so registrieren 25 der Einrichtungen blinde und sehbehinderte Personen als Gäste (das sind 69%). Insgesamt neun Einrichtungen geben an, diese Personen eigentlich nie unter ihren Gästen zu sehen, zwei weiteren Einrichtungen ist es nicht bekannt.

	häufig	gelegentlich	selten	eigentlich nie	nicht bekannt
Museum	–	5	6	2	–
„Galerie"	1	–	2	4	–
Zoo, bot. Garten	–	2	–	–	–
Kino	–	–	1	2	1
Bühne	1	–	1	-	-
Planetarium	-	-	1	1	-
Konzertstätte	2		3	-	1
Insgesamt	2	9	14	9	2

Tab. 11: Einschätzungen aus den Kultureinrichtungen, in welchem Maß blinde Personen oder Personen mit Sehbehinderung unter ihren Gästen sind.

Frage 5 wurde als offene Frage formuliert, um den Befragten Raum für eigene Antworten zu geben; nur 16 Institutionen nutzten die Gelegenheit, lobende oder kritische Hinweise von behinderten Gästen in Hinblick auf ihre Einrichtung und deren Angebote einzutragen; diese beziehen sich vorrangig auf die baulichen Voraussetzungen der Einrichtungen. So werden in fünf Fällen lobende Hinweise zur behindertengerechten Gestaltung des Gebäudes wie beispielsweise das Vorhandensein eines Zugangs für Behinderte, eines Aufzugs oder einer Behindertentoilette aufgeführt. Fünf Einrichtungen geben darüber hinaus an, dass sie Lob für ihren guten Publikumsservice, beispielsweise besondere Aufmerksamkeit des Personals für behinderte Gäste, erhalten haben. Eine andere Einrichtung äußert sich programmatisch: „Wir haben keine Hemmungen, auf jeden zuzugehen, Hilfe anzubieten und dies auch problemlos umzusetzen. Bei Rollstuhlfahrern und -fahrerinnen packen wir einfach an, wenn es zum nächsten Stockwerk geht." Die Angaben dreier Einrichtungen beziehen sich auf besondere Veranstaltungen oder besonders an behinderte Gäste angepasste Angebote. So gibt eine Einrichtung an, dass die geäußerte Zufriedenheit mit der guten Organisation des Besuchs von Behindertengruppen zum regelmäßigen Besuch von Gruppen aus Behindertenwerkstätten, Förderschulen und Behindertenvereinen führte. Eine andere Einrichtung geht darauf ein, dass trotz eines nicht barrierefreien Gebäudes Wege gefunden werden, Veranstaltungen so durchzuführen, dass auch behinderte Menschen daran teilnehmen können. Die dritte Einrichtung führt an, dass sich das Lob sowohl auf spezielle Führungen bezieht als auch auf den Einsatz von Punktschrift und ein Hörbuch, das als gesprochener Rundgang verwendet werden kann. Eine Institution belässt es bei folgendem Kommentar: „Seh- und hörgeschädigte Schüler waren begeistert, wollten unbedingt wieder [kommen]".

Auch die genannten kritischen Hinweise beziehen sich überwiegend auf bauliche Aspekte, wie beispielsweise die schlechte Ausschilderung eines seitlich am Gebäude befindlichen Behinderteneinganges. Mehrmals werden als Kritikpunkte Treppen genannt, sowohl als Hindernis in Kinosälen als auch hinsichtlich der unerreichbaren Obergeschosse in „Galerien".

Soweit die Befragten sonstige Kommentare niederschrieben, betreffen diese vor allem die baulichen Gegebenheiten, teils mit Erklärungen, warum sich diese nicht zugunsten von mehr Barrierefreiheit ändern lassen. Hier werden mehrmals Auflagen des Denkmalschutzes genannt sowie der aufgrund der Gebäudestruktur nur mit unverhältnismäßigem Mehraufwand zu realisierende

Umbau. Eine Einrichtung schildert umfassend, wie sie sich bemüht, durch die Gestaltung der Kerndienstleistung möglichst allen Gästen gerecht zu werden. Darüber hinaus bemerkt ein Kinobetreiber zur Nutzung des Kinos durch sehbehinderte und blinde Menschen lapidar: „Sehbehinderte/Blinde besuchen uns aus nahe liegenden Gründen, soweit mir bekannt ist, gar nicht." Einige Einrichtungen berichten über positive Erfahrungen und Eindrücke, die sie im Zusammenhang mit dem Besuch behinderter Menschen gewonnen haben.

Neben der häufigen Darstellung der baulichen Aspekte ist für die Kommentare, aber auch die Antworten auf Frage 5 (lobende und kritische Hinweise durch behinderte Gäste), signifikant, dass die Einrichtungen sehr häufig auf Personen im Rollstuhl eingehen. So werden diese insgesamt neunmal explizit erwähnt, beispielsweise mit „rollstuhlgerecht" oder „für Rollstuhlfahrer geeignet", mehrfach aber auch in Hinblick auf das Tragen eines Rollstuhls (samt der behinderten Person). Gehbehinderte werden von zwei Einrichtungen erwähnt. Vier Einrichtungen gehen explizit auf Blinde und Sehbehinderte ein; einmal im negativen Sinne (siehe obiger Kommentar), ansonsten mit Bezug auf besondere Anpassungen oder positive Erlebnisse.

3.8 Zusammenfassung

Ein Großteil der Einrichtungen bewertet die Barrierefreiheit seiner baulichen Situation als befriedigend oder besser, auch im Vergleich zu anderen Einrichtungen. Daher ist in Betracht zu ziehen, dass vielleicht diejenigen Einrichtungen eher bereit waren, an der Befragung teilzunehmen, die zumindest ihre bauliche Situation als (für mobilitätseingeschränkte Personen) barrierefrei einordnen.

Die Maßnahmen zur Kommunikation der baulichen Situation beurteilen zwei Drittel der Einrichtungen als zufriedenstellend oder besser, daneben gibt es aber auch Einrichtungen, die sich selbstkritisch äußern. Nahezu alle Einrichtungen zählen Behinderte zu ihren Gästen, allerdings werden Blinde und Sehbehinderte seltener als Gäste wahrgenommen und sind für insgesamt weniger Einrichtungen ein Anlass, sich Informationen zu beschaffen. Es gibt jeweils eine größere Zahl von Einrichtungen, die weder hinsichtlich der Informationsbeschaffung noch über einen Erfahrungsaustausch mit anderen Einrichtungen Angaben machen, was darauf hindeutet, dass sie vermutlich diesbezüglich noch keine Anstrengungen unternommen haben und/oder keinen Handlungsbedarf sehen.

Hinsichtlich der Kommunikation von Spezialangeboten und ergänzender, auf Blinde und Sehbehinderte zugeschnittener Leistungen nimmt ein großer Teil der Einrichtungen eine eher kritische oder gar keine Selbstbewertung vor, besonders deutlich ist dies für die Kinos. Ein Zusammenhang zwischen negativer Selbstbewertung oder einem Verzicht auf eine Bewertung kann nur vermutet werden. Allerdings standen Einrichtungen, die nicht über ergänzende Leistungen oder Anpassungen für Blinde und Sehbehinderte verfügen, genau diese zwei Möglichkeiten zur Wahl.

4 Auswertung der Leistungstests

4.1 Informationsbereitstellung

Informationen für Behinderte enthalten die Faltblätter der Einrichtungen M4, M5 und Z. Das Faltblatt von M5 enthält den Hinweis, dass diese Einrichtung für Personen im Rollstuhl zugänglich ist. Für M4 findet sich diese Information nur in der englischsprachigen Fassung („the museum is accessible to wheelchair users"), sie fehlt in der deutschen und niederländischen Version. Dagegen ist das Faltblatt der Einrichtung Z gleichzeitig ein Lageplan, der die barrierefreie Infrastruktur (z. B. Lage der behindertengerechten Sanitäranlagen) ausweist, darüber hinaus wird Personen im Rollstuhl oder mit Kinderwagen die Nutzung des barrierefreien Eingangs empfohlen. Alle diese Angaben finden sich jeweils auch auf den Internetseiten der Einrichtungen. Die Einrichtungen M2 und K halten entsprechende Informationen ausschließlich über das Internet bereit. M2 informiert darüber, dass der Zugang barrierefrei ist, bei K findet sich unter der Rubrik „Räume und Technik" der Hinweis, dass alle Räume „behindertengerecht, mittels Aufzug, zugänglich" sind. Es fällt auf, dass nur die Internetpräsentation der Einrichtung M4 eine eigene Rubrik „barrierefrei" enthält; dort findet man dann allerdings lediglich den Hinweis: „Sowohl unser Haus als auch die einzelnen Ausstellungsflächen des Museums sind für Rollstuhlfahrer ungehindert zugänglich." Einschränkend ist zu bemerken, dass eine Einrichtung derzeit über kein Faltblatt verfügt (M6) und eine andere nur sehr kurz auf der Internetseite der Stadt präsentiert wird (M1).

Einige Einrichtungen signalisieren (zusätzlich) ihre Zugänglichkeit für behinderte Gäste direkt „vor Ort". So bittet die Einrichtung M3 auf einer Informationstafel im Außenbereich ihre behinderten Gäste, die auf Grund von Umbaumaßnahmen derzeit nicht barrierefreie Situation innerhalb des Gebäudes zu entschuldigen. In anderen Einrichtungen (M2, M4, T, Z) stellen Klingelschilder oder Wegweiser, die mit dem Rollstuhlfahrersymbol versehen sind, einen Hinweis auf die barrierefreie Zugänglichkeit für Mobilitätseingeschränkte dar. Für die Einrichtung M6 ist anzunehmen, dass eine entsprechende Beschilderung nur zum Zeitpunkt der Datenerhebung aufgrund von Baumaßnahmen fehlt, auf Fotografien des Gebäudes aus dem Jahr 2007 ist sie deutlich zu erkennen.

Die Kommunikation des barrierefreien Zugangs erfolgt in vier Fällen über verschiedene Medien, nur zwei (bzw. drei) Einrichtungen wählten ausschließlich den Weg einer Beschilderung oder Information vor Ort, während eine Einrichtung ausschließlich die Darstellung im Internet nutzt. Vier Einrichtungen (M1, A, F, P) nutzen keinen der hier dargestellten Kommunikationswege, obschon diese vier Einrichtungen alle für mobilitätseingeschränkte Personen zugänglich sind.

In den im Anschluss an den Besuch durchgeführten Interviews wurden die Testpersonen befragt, welche Medien sie zur Information über Kultur- und Freizeitangebote nutzen. Die blinden und sehbehinderten Testpersonen informieren sich vorrangig durch das Internet und fast gleichrangig durch (Lokal-) Fernsehen und Videotext. Sie erwähnten außerdem das Radio und Informationen durch Dritte (Freunde, Begleitpersonen usw.). Die fünf mobilitätseingeschränkten Testpersonen machten heterogenere Angaben: Zweimal wurde das Internet als Informationsquelle genannt, jeweils einmal Programme und Plakate der Einrichtungen, Fernsehen und Radio. Drei Testpersonen gaben an, sich ergänzend auch persönlich, durch eine Anfrage per Telefon oder durch eine Nachfrage direkt vor Ort, zu informieren, wenn die Informationen im Internet unzureichend sind oder um eine verlässliche Information über die Zugänglichkeit zu erhalten, und scheinen somit das für einige der untersuchten Einrichtungen dargestellte Informationsdefizit zu bestätigen.

	Faltblätter, Bro-schüren	Internet	„vor Ort"
M1			
M2		X	X
M3			X
M4	X	X	X
M5	X	X	
M6			(X)
F			
Z	X	X	X
A			
P			
K		X	
T			X

Tab. 12: Für Angaben zur Behindertengerechtheit der Einrichtung genutzte Informationsmedien

4.2 Erreichbarkeit der Einrichtung (Hinweg, Heimweg)

Alle Einrichtungen sind gut mit dem öffentlichen Personennahverkehr erreichbar; die Haltestellen sind durchschnittlich 200–300 m von den Einrichtungen entfernt. K, T und Z zeichnen sich durch eine besondere Nähe zur Haltestelle aus, während F die größte Entfernung zur nächstgelegenen Haltestelle aufweist, sich dafür aber in unmittelbarer Nähe einer Fußgängerzone befindet. Ebenso sind in der Nähe aller Einrichtungen Behindertenparkplätze zu finden. Das unmittelbare Umfeld ist jeweils städtisch geprägt, mit den üblichen Einschränkungen oder Problemen wie Ampelkreuzungen, holpriges Altstadtpflaster oder nicht abgesenkte Bordsteinkanten. Der Innenhof von M3 ist durch seine Bodenstruktur (Kies) ungünstig zu passieren, sowohl für Personen mit

Gehbehinderung oder im Rollstuhl, als auch für Personen, die einen Langstock nutzen. Die barrierefreien Eingänge der Einrichtung T werden nur über steile Bordsteinkanten oder ansteigende Straßen erreicht. Während letztere einem Elektrorollstuhl wahrscheinlich kein größeres Problem bereiten, können sie für eine Person mit einem handbetriebenen Rollstuhl schon ein größeres Hindernis darstellen. Ein ähnlicher Geländeanstieg befindet sich auch vor dem barrierefreien Zugang von M6. M5 befindet sich auf einem Werksgelände, das durch Drehkreuze – neben einer beschrankten Zufahrt – betreten wird. Es ist anzunehmen, dass für eine Person im Rollstuhl eine individuelle Lösung gefunden wird.

Hinsichtlich dieser weniger zu beeinflussenden Außenfaktoren schneiden also alle Einrichtungen in etwa gleich gut ab, nur für M6 und T muss konstatiert werden, dass ein Betreten der Einrichtung mit einem handbetriebenen Rollstuhl schwerer fällt. Auch die Testpersonen beurteilen die Erreichbarkeit der Einrichtungen überwiegend positiv: Von 15 Bewertungen waren elf positiv. Besondere Erwähnung fand vor allem die gute Nahverkehrsanbindung. In drei Fällen wurde die Straßensituation im Umfeld der Einrichtungen kritisch beurteilt, während in zwei Fällen sehbehinderte Testpersonen die mangelnde Orientierung und Beschilderung auf dem Weg zur Einrichtung kritisierten.

4.3 Zugänglichkeit für Menschen mit Mobilitätseinschränkungen

4.3.1 Betreten und Verlassen der Einrichtung

Bis auf ein Museum, das sich gerade im Umbau befindet, ermöglichen alle Einrichtungen Mobilitätseingeschränkten ein barrierefreies, mehr oder weniger selbstständiges Betreten und Verlassen der Einrichtung. In den Einrichtungen M5, F, T, Z ist der barrierefreie Zugang gleichzeitig der Haupteingang, oder, wie im Fall von T, ein dem Haupteingang „gleichberechtigter" Eingang. Die Einrichtungen M5, F, P, T können selbstständig betreten werden, eine punktuelle Einschränkung ergibt sich daraus, dass diese Einrichtungen jeweils über eine große, nicht automatisch öffnende

Drehflügeltür zu betreten sind, die vom Rollstuhl aus nur unter größeren Anstrengungen oder durch die Unterstützung einer zweiten Person geöffnet werden kann. Als nur mit größeren Einschränkungen oder unter Hilfestellung durch das Personal zu betreten (A umständlich) wurden Einrichtungen klassifiziert, deren barrierefreier Eingang normalerweise verschlossen ist, sodass das Personal durch Klingelruf oder eine Begleitperson über den Besuchswunsch informiert werden muss. Diese Lösung war in den untersuchten Einrichtungen am häufigsten zu finden. Sie verbindet Pragmatik mit situativem Mehraufwand für das Personal und führt zu einer gewissen Abhängigkeit und eventuellen Wartesituationen für die mobilitätseingeschränkten Gäste. Es bleibt festzuhalten, dass einige der Einrichtungen zwar über einen solchen alternativen Eingang verfügen, sich am Gebäude aber weder ein Hinweis auf diesen Eingang, noch die Aufforderung, im Bedarfsfalle zu klingeln, befindet. M1 verfügt lediglich über eine Klingel, mit der die Kasse erreicht wird, für M6 ist zu vermuten, dass dieser Hinweis nur vorübergehend wegen der derzeitigen Baumaßnahmen an der Fassade fehlt. Bei K befindet sich weder am Haupteingang noch am barrierefreien Nebeneingang, der über eine Rampe erreicht wird, eine Klingel, sodass sich Personen im Rollstuhl nur mit Unterstützung einer zweiten Person Zugang verschaffen können. Ähnliches gilt für die Einrichtung A: Dort befand sich zwar am Gebäude eine Klingel mit der Aufschrift „Ausstellung", damit konnte aber das Personal nicht erreicht werden, sodass die Anmeldung des Rollstuhl fahrenden Gastes durch eine zweite Person erfolgen musste.

Die Bewertungen durch die Testpersonen unterstützen die Feststellungen der Verfasserin. Der Zugang zu K wird von der Testperson als barrierefrei eingeschätzt, die fehlende Klingel jedoch stark kritisiert, weil es dadurch nötig sei, eine fremde Person auf der Straße „anzuheuern". Insgesamt zeigt sich, dass die Testpersonen jeden barrierefreien Zugang stark honorierten. Bei allen getesteten Einrichtungen wurde trotz einzelner Detailkritik immer wieder positiv herausgestellt, dass ein Zugang prinzipiell möglich ist. Die Testperson von T brachte es kurz auf den Punkt: „Dass man überhaupt reinkommt!"

Stellt man den beobachteten Grad, in dem die Einrichtungen selbstständig betreten und verlassen werden können, der Bewertung durch die Testpersonen auf einer Skala von 1 bis 6 gegenüber, so wird deutlich, dass selbst punktuelle Einschränkungen wie im Fall von Einrichtung P zu einer subjektiv eher ins Negative tendierenden Bewertung führen können.

Das Betreten / Verlassen der Einrichtung ist ...

	selbstständig möglich	mit punktuellen Einschränkungen selbstständig möglich	mit größerer Hilfestellung (Personal) möglich	nicht möglich
M1			X	
M2			X	
M3				X
M4			X	
M5		X		
M6			X	
F		X		
Z	X			
A			X	
P		X		
K			X	
T		X		

Tab. 13: Zugänglichkeit der Einrichtung für Mobilitätseingeschränkte

	1	2	3	4	5	6
M1			X			
M4		X				
A			X			
P				X		
K				X		
T			X			

Tab. 14: Bewertung der Zugänglichkeit durch die mobilitätseingeschränkten Testpersonen

4.3.2 Empfang, Kauf der Eintrittskarte

In den Einrichtungen M3, K und T müssen Gäste auf dem Weg
zum Kassenbereich jeweils einzelne Stufen überwinden. Während
Personen im Rollstuhl daher nicht selbstständig zum Kassen- und
Informationsbereich gelangen, ergibt sich für Gehbehinderte in
Abhängigkeit vom Schweregrad der Behinderung eine Einschränkung. Die Einrichtung T zeigt eine pragmatische Lösung: Direkt an
der Eingangstür zum Kassenbereich befindet sich – in geeigneter
Höhe angebracht – eine Klingel mit dem Rollstuhlfahrersymbol,
sodass sich eine mobilitätseingeschränkte Person mit Unterstützung
des Personals informieren und Eintrittskarten erwerben kann. Für
M2 ist zu berücksichtigen, dass die Besichtigung der Museums-
räume frei ist, während sich die Kasse für die Konzertveranstaltun-
gen in einem Gebäudeteil befindet, der für Mobilitätseingeschränkte
augenscheinlich nicht zugänglich ist. Da die Einrichtung nur mit
einer sehbehinderten Testperson besucht wurde, ist es schwierig
einzuschätzen, wie sich die Situation für eine mobilitätseingeschränkte Person tatsächlich darstellt. Allerdings befindet sich auch
hier, vergleichbar mit der Lösung der Einrichtung T, im Außenbereich eine Klingel mit dem Rollstuhlfahrersymbol.

Für diese beiden und zwei weitere Einrichtungen wurde daher von
einer Bewertung des Kassenbereichs abgesehen, da er entweder für
Personen im Rollstuhl nicht zugänglich ist (M2, M3, T) oder aber ein

solcher nicht vorhanden ist (K), da Karten an Vorverkaufsstellen bzw. unmittelbar vor der Veranstaltung lediglich an einer mobilen Abendkasse erworben werden können. In zwei Einrichtungen (F, P) finden mobilitätseingeschränkte Gäste ein schalterähnliches „Verkaufsfenster" in über 85 cm Höhe vor. Die anderen Einrichtungen verfügen über einen einfachen Tresen, der über 85 cm hoch ist. Ein selbstständiger Kartenerwerb durch Personen im Rollstuhl ist grundsätzlich möglich, die Betroffenen müssen sich zum Bezahlen allerdings zur Seite und nach oben wenden. Die Kommunikation mit dem Personal ist vor allem in F und P erschwert. Die Bewegungsflächen sind in allen untersuchten Einrichtungen ausreichend groß.

Der Kauf der Eintrittskarte / der Zugang zur Information ist ...			
	selbstständig möglich	mit Unterstützung selbstständig möglich	nicht möglich
M1	X		
M2		X	
M3			X
M4	X		
M5	X		
M6	X		
F	X		
Z	X		
A	X		
P	X		
K			X
T		X	

Tab. 15: Erreichbarkeit von Empfang und Kasse für Mobilitätseingeschränkte

Die Kommentare der Testpersonen zu diesem Aspekt beziehen sich überwiegend auf gewährte Ermäßigungen des Eintrittsentgelts, die als positiv betrachtet werden. Das Personal blieb gänzlich unerwähnt, obwohl dieses sich in mehreren Einrichtungen deutlich bemühte, den Testpersonen (trotz vorhandener Einschränkungen) einen angenehmen Aufenthalt zu ermöglichen. So wurde der Testperson in einem Fall (M1) angeboten, sich hinsichtlich einer eventuell benötigten Unterstützung jederzeit an das Personal wenden zu können. Das Personal einer weiteren Einrichtung (A) bat zu entschuldigen, dass der sich im Obergeschoss befindliche Teil der Ausstellung für Personen im Rollstuhl unzugänglich sei und bot der Testperson an, sich stattdessen im Ausstellungskatalog zu informieren.

Zum Abschluss soll eine Beobachtung in der Einrichtung M1 geschildert werden, die beispielhaft eine gewisse Unsicherheit oder mangelnde Routine des Personals mit behinderten Gästen verdeutlicht. Die Rollstuhlfahrerin wurde durch eine Museumsangestellte im Aufzug begleitet. Sie sollte dann auf deren Anraten vor dem Kassenbereich warten, bis die Verfasserin als Begleitperson die Eintrittskarten gekauft hätte, obwohl der Kassenbereich problemlos im Rollstuhl zu erreichen ist. In dieser Situation fuhr die Testperson mit dem Rollstuhl zur Kasse und erwarb selbstständig ihre Eintrittskarte.

4.3.3 Bewegungsmöglichkeiten innerhalb der Einrichtung

In sechs der untersuchten Einrichtungen ist eine nahezu barrierefreie Bewegung möglich, besonders gute Bedingungen wurden in den Einrichtungen M6, K und P vorgefunden. Für M5 ist einschränkend lediglich anzuführen, dass zum Betreten und Verlassen des eigentlichen Dienstleistungsbereichs jeweils drei Treppenstufen überwunden werden müssen; in beiden Fällen ist ein Treppenlift vorhanden, den das Personal bedient. Die einzige Beeinträchtigung innerhalb der Einrichtung T ist die nur über Treppen zu erreichende Garderobe.

Es soll nicht unerwähnt bleiben, dass einige Einrichtungen Orientierungshilfen für ihre Gäste bereithalten: In tragbarer, wenn auch kleiner Form in M4 und Z, in Form eines – aufgrund der Anbringungshöhe aus dem Rollstuhl nur schlecht einsehbaren – Etagenübersichtsplanes an der Wand in M2 und M6, in M2, K, P, T und Z in Form von Richtungsweisern.

Die Bewertung der Einrichtung Z gestaltet sich recht schwierig: Für elektrische Rollstühle dürfte es kaum Schwierigkeiten geben, nur einzelne Bereiche sind nicht für den Rollstuhl zugänglich; für Personen mit starker Gehbehinderung oder im handbetriebenen Rollstuhl dürften die Einschränkungen aufgrund des teilweise recht stark ansteigenden Geländes größer sein. Für Letztere ergibt sich daraus entweder, auf eine den Rollstuhl schiebende Begleitperson angewiesen zu sein, oder eine in Abhängigkeit der persönlichen Fitness mehr oder weniger eingeschränkte Inanspruchnahme der Dienstleistung. Die Gebäude der Einrichtung Z sind auch für Personen im Rollstuhl zugänglich; im Erdgeschoss zeichnen sie sich durch ausreichende Bewegungsflächen aus, die Unter- und Zwischengeschosse sind dagegen nur über Treppen zu erreichen. In der Einrichtung F können über einen Aufzug, der ausschließlich durch das Personal bedient wird, alle Etagen der Einrichtung erreicht werden, Einschränkungen für Mobilitätseingeschränkte ergeben sich erst in den Aufführungssälen (siehe unten, Abschnitt 4.3.5).

Innerhalb der Einrichtungen M1, M2, M4 und A sind jeweils Gebäudeteile, die Teil des Dienstleistungsangebotes sind, im Rollstuhl unzugänglich. Im rollstuhlgerechten Bereich der Einrichtungen ist eine barrierefreie Bewegung möglich. In den übrigen Gebäudeabschnitten dieser Einrichtungen werden Niveauunterschiede nur über Treppen überwunden, es gibt Türschwellen und ähnliche Hindernisse. In M2 gibt es eine Übergangsmöglichkeit vom barrierefreien zum nicht barrierefreien Ausstellungsbereich, sodass es einer gehbehinderten Person eventuell möglich ist, diesen teilweise zu besichtigen; durch die erwähnten Türschwellen ist dies für Personen im Rollstuhl ausgeschlossen. In M3 können Niveauunterschiede nur mittels Treppen überwunden werden.

Soweit vorhanden, sind die Garderoben der Einrichtungen für mobilitätseingeschränkte Besucher zugänglich, lediglich in T ist ein Zugang augenscheinlich nur über Treppenanlagen möglich.

Allerdings verhindert die Gestaltung im Detail, vor allem eine zu hohe Anbringung der Kleiderhaken, dass Personen im Rollstuhl die Garderoben selbstständig nutzen können. Behindertengerechte Sanitäranlagen sind in allen Einrichtungen mit Ausnahme von M3 und M4 vorhanden. In der Einrichtung P kritisierte die Rollstuhl fahrende Testperson die fehlende Beschilderung der Behindertentoilette, die im gleichen Gebäude, aber im darin integrierten Restaurant angesiedelt ist. Die Testperson meinte, dass die daraus resultierende Notwendigkeit, beim Personal nachzufragen, für einige Behinderte eine Hemmschwelle darstellen könnte.

	Barrierefreie Bewegung	Punktuelle Einschränkungen	Einrichtung ist nur teilweise barrierefrei	Keine barrierefreie Bewegung möglich
M1			X	
M2			X	
M3				X
M4			X	
M5		X		
M6	X			
F		X		
Z			X	
A		X		
P	X			
K	X			
T		X		

Tab. 16: Bewegungsmöglichkeiten innerhalb der Einrichtung für Mobilitätseingeschränkte

Die Bewertungen der mobilitätseingeschränkten Testpersonen beziehen sich logischerweise nur auf die Gebäudebereiche, die mit dem Rollstuhl zugänglich sind; dabei äußern sie überwiegend Zufriedenheit mit den vorgefundenen Lösungen. Für P betonte die Testperson besonders die gute Orientierung und großzügige Gestaltung des Gebäudes; dennoch führte die oben erwähnte fehlende Ausschilderung zu einer eher negativen Bewertung. Die extrem negative Bewertung der Einrichtung M4 erklärt sich durch Einschränkungen der Bewegung innerhalb der Ausstellung (siehe den folgenden Abschnitt 4.3.4). In ihren verbalen Einschätzungen gingen die Testpersonen nicht darauf ein, dass in den Einrichtungen M1, M4 und A nur Teile der Ausstellung zugänglich sind.

	1	2	3	4	5	6
M1	X					
M4						X
A	X					
P				X		
K	X					
T		X				

Tab. 17: Bewertung der Bewegungsmöglichkeiten innerhalb der Einrichtung durch mobilitätseingeschränkte Testpersonen

4.3.4 Kernleistung Besichtigungsgelegenheit

Die Einrichtung M3 bleibt in diesem Abschnitt unberücksichtigt, weil sie nicht barrierefrei ist. In den mittels Rollstuhl zugänglichen Bereichen der Einrichtungen M1, M2, M5, M6 und A stehen überwiegend ausreichend große Bewegungsflächen zur Verfügung. Innerhalb des Ausstellungsbereiches von M2 sind die Wegbreiten gelegentlich zu schmal, sodass nicht alle Vitrinen und Objekte vom Rollstuhl aus betrachtet werden können. In der Einrichtung M4 gibt es innerhalb der Ausstellungsräume podestartige Einbauten, die nur über mehrere Stufen zu erreichen sind. Dadurch wird die mittels Rollstuhl zugängliche Ausstellungsfläche verkleinert, für Gehbehinderte ist der Auf- und Abstieg durch fehlende Handläufe erschwert.

Ein „Sonderfall" ist die Einrichtung Z, bei der noch mehr als bei den anderen Einrichtungen dieser Gruppe schon die Bewegung innerhalb des Geländes konstituierend für das Erlebnisangebot ist. Wie bereits im vorangehenden Abschnitt 4.3.3 ausgeführt, gibt es hier vor allem für Personen im Rollstuhl Beschränkungen. Sitzgelegenheiten waren in allen Einrichtungen mit Ausnahme von M1 in ausreichender Zahl vorhanden.

In allen besuchten Einrichtungen sind zumindest die Bereichstexte auch vom Rollstuhl aus lesbar. Die Aufteilung der Vitrinen in Einrichtung M6 ermöglicht anscheinend auch ein weitgehend uneingeschränktes Betrachten der Objekte vom Rollstuhl aus, während im Falle von M2, M4 und M5 die Vitrinen in dieser Sichtposition wahrscheinlich nur teilweise eingesehen werden können, jeweils in Abhängigkeit von den umgebenden Bewegungsflächen. Zusätzlich ist zu bemerken, dass sich viele der interaktiven Ausstellungselemente der Einrichtung M4 auf den oben erwähnten Podesten befinden oder in einer Höhe angebracht sind, die Personen im Rollstuhl von ihrer Nutzung ausschließt. Ähnliches gilt für die Einrichtung Z, in der sich die interaktiven Stationen ebenfalls vorrangig in den Zwischen- und Untergeschossen befinden, die mittels Rollstuhl nicht erreichbar sind. Da zwei Kunstausstellungen mit einer Rollstuhlfahrerin besucht wurden (M1, A), soll natürlich auch berücksichtigt werden, dass diese Ausstellungsform eher „rollstuhlgerecht" ist als beispielsweise eine Ausstellung, die Objekte vorrangig in Vitrinen präsentiert. Für M1 merkte die Testperson an, dass aus ihrer Sichtposition Blendeffekte durch die sich in den verglasten Bilderrahmen spiegelnde Beleuchtung eintraten.

4.3.5 Kernleistungen mit passiver, sitzender Rezeption

Nach Aussage des Kassenpersonals gibt es in der Einrichtung F vier für Personen im Rollstuhl geeignete Kinosäle. Im Rahmen des Besuchs mit einer blinden Person wurde einer dieser Säle getestet. Der Zugang zum Saal ist zunächst unproblematisch, da er über einen breiten, leicht rampenartigen Gang verläuft, der sogar mit einem Handlauf ausgestattet ist. Die Sitzreihen sind allerdings nur über Treppenaufgänge seitlich des Gestühls erreichbar. Ein barrierefreies Angebot bestünde daher aus einem Platz direkt vor der Leinwand. In Einrichtung P sind durch Freiräume im Gestühl Rollstuhlplätze vorhanden. Eher pragmatische Lösungen fanden sich in Einrichtung K und T. Hier gibt es keine ausgewiesenen Rollstuhlplätze, Rollstühle können aber in Freiräumen neben dem Gestühl aufgestellt werden. Für K resultiert daraus eine leichte räumliche Trennung vom übrigen Publikum, bei kaum eingeschränkter Sicht auf die Bühne. Die Testperson merkte an, dass sie mit dem Platz zufrieden sei und dass sie daran gewöhnt sei, sich in dieser Einrichtung in Abhängigkeit von Bestuhlung und etwaiger Aufstellung von Tischen einen für sie geeigneten Platz suchen zu müssen. In der Einrichtung T wurden durch das Personal neben dem Rollstuhlplatz Sitzplätze für die Begleitpersonen reserviert. Die Testperson erreichte den Rollstuhlplatz stufenlos, dieser befand sich seitlich des Gestühls, und war damit niedriger angeordnet als alle übrigen Sitzplätze, woraus leichte Einschränkungen der Sicht resultierten. Die Testperson zeigte sich aber zufrieden mit ihrem Sitzplatz.

4.4 Zugänglichkeit für Blinde und Sehbehinderte

4.4.1 Betreten und Verlassen der Einrichtung

Blinde und sehbehinderte Personen können aufgrund des Fehlens geeigneter optischer oder taktiler Orientierungshilfen keine der untersuchten Einrichtungen selbstständig betreten. In Einrichtung Z weisen zwar große Symboltafeln auf den barrierefreien Zugang mittels Aufzug hin, da aber die weitere Orientierung zur Kasse nicht unterstützt wird, sind Blinde und Sehbehinderte auf die Hilfestellung einer Begleitperson angewiesen. Auch in M2 und M3 sind Wegweiser im Außenbereich vorhanden, diese sind allerdings zu klein, um sehbehinderten Personen eine selbstständige Orientierung zu ermöglichen. Die begleitende Verfasserin stellte die Testpersonen vor die Wahl, alternativ den für Mobilitätseingeschränkte barrierefreien Zugang zu benutzen; alle Testpersonen bevorzugten den regulären Zugang, der häufig über Treppenanlagen erfolgte. Dies erschwert die Zugänglichkeit, denn keine der untersuchten Einrichtungen verfügt im Eingangsbereich über Stufenmarkierungen. Handläufe sind in den meisten Fällen einseitig vorhanden, nur bei M3 gar nicht. Auch die Gestaltung der Türen im Eingangsbereich berücksichtigt häufig die Anforderungen Sehbehinderter nicht. So erfolgt in M5, M6, F, K, P, T der (barrierefreie) Zugang über nicht ausreichend markierte Glastüren. In den meisten Fällen bildet der Türrahmen zwar einen gewissen Kontrast, eine Gefährdung sehbehinderter Personen kann jedoch nicht ausgeschlossen werden.

Insgesamt fällt die Bewertung durch die Testpersonen an dieser Stelle relativ kritisch aus. So wurden mangelnde Stufenmarkierungen für M1, M4 und M6 kritisiert, ebenso die historische Tür mit hoch angebrachter Türklinke und hoher Türschwelle in M1. Überraschend ist, dass die Testpersonen in ihren verbalen Einschätzungen kaum eine Problematisierung hinsichtlich der fehlenden Orientierungshilfen vornehmen: Eine sehbehinderte Testperson kritisierte nach dem Besuch von Z die problematische Orientierung im Eingangsbereich und die (für ihre Ansprüche) ungenügende Ausschilderung, während eine blinde Testperson den Eingangsbereich der Einrichtung F als unübersichtlich charakterisierte.

Die Bewertungen der Testpersonen sind stark subjektiv geprägt: Die Situation in Einrichtung T, wo, um zum Kassenbereich zu gelangen, Stufen zu überwinden sind und die Orientierung nur mit der Unterstützung einer Begleitperson möglich war, wurde von einer blinden Testperson als vollkommen zufriedenstellend bewertet.

	1	2	3	4	5	6
M1				X		
M2		X				
M3		X				
M4			X			
M5			X			
M6				X		
Z			X			
F				X		
T	X					

Tab. 18: Bewertung der Zugänglichkeit durch blinde oder sehbehinderte Testpersonen

4.4.2 Empfang, Kauf der Eintrittskarte

Das Problem fehlender Orientierungshilfen, das bereits im vorhergehenden Abschnitt geschildert wurde, besteht auch innerhalb der Einrichtungen. Daher wurden die blinden oder sehbehinderten Testpersonen in jeder Einrichtung auf ihrem Weg zur Kasse begleitet. Mit einer Ausnahme ist es ihnen dann immer möglich gewesen, selbstständig eine Eintrittskarte zu erwerben. In der Einrichtung F, in der ein selbstständiger Erwerb der Eintrittskarte durch die Testperson nicht möglich war, erschwert die Gestaltung des Kassenbereichs den direkten Kontakt zum Personal.

Betrachtet man die Bewertungen dieses Dienstleistungselements in den Rückschauinterviews, fällt besonders auf, dass – im Gegensatz zu den Mobilitätseingeschränkten – jede Testperson an dieser Stelle das Personal erwähnte. An erster Stelle steht dabei die Freundlichkeit des Personals (M1, M3, M4, T, Z). Zweimal wurde das Personal mit Bezug auf besondere Serviceleistungen wie das Angebot eines akustischen Rundganges (M2) oder gute Erklärungen zum Museumsaufenthalt und zur Funktion des Audioguides erwähnt (M5). In drei Fällen wird Kritik am Personal geäußert, weil das Personal über zu gewährende Eintrittsentgelt-Ermäßigungen nicht Bescheid zu wissen schien (M6), verunsichert wirkte (F) oder sich nach Ansicht der Testperson zu sehr auf die Begleitperson verließ, anstatt der Testperson selbst weitere Details über den Besuch mitzuteilen (T). Besonders positiv fiel in diesem Zusammenhang die Einrichtung M4 auf, dort sprach die Mitarbeiterin die sehbehinderte Testperson direkt an und empfahl ihr die Nutzung eines Audioguides. Nach dem Ausstellungsbesuch erkundigte sie sich, ob der Audioguide hilfreich gewesen sei.

4.4.3 Bewegungsmöglichkeiten innerhalb der Einrichtung

Die bereits erwähnten, von einigen Einrichtungen für ihre Gäste bereitgestellten Orientierungshilfen bieten Blinden und Sehbehinderten aufgrund ihrer Gestaltung keine Hilfe bei der Orientierung in der Einrichtung (M2, M4, M6, K, P, T, Z). Auch die für den Eingangsbereich festgestellte Problematik der unzureichend markierten Glastüren setzt sich innerhalb der Einrichtungen fort (M1, M2, M4, P, Z). In Einrichtung Z erfolgt der Zugang zu den einzelnen Gebäuden jeweils über kraftbetätigte Türen, die durch Drücken oder Ziehen oder über einen Sensor ausgelöst werden; aus den aufspringenden Türen kann sich eine Gefährdung für sehbehinderte und blinde Gäste ergeben. Daher ist für Blinde und Sehbehinderte eine Bewegung in den Einrichtungen ohne Begleitperson unmöglich und wäre zudem oftmals mit Gefahren verbunden.

Diese Beobachtungen konterkarieren die Tatsache, dass in fast allen Einrichtungen, die über einen Aufzug verfügen, dieser kontrastreich (M1, M6, F, T, Z), zum Teil auch taktil (M6, T, Z) gestaltete Tasten aufweist. Eine akustische Stockwerksanzeige ist in keinem der getesteten Aufzüge vorhanden. Der Fahrstuhl der Einrichtung M2 konnte nicht bewertet werden, da ihn ausschließlich das Personal anfordern und bedienen kann.

Im Rahmen der Testbesuche wurden auch Gebäude (-abschnitte) aufgesucht, die nicht von Personen im Rollstuhl, wohl aber durch Blinde und Sehbehinderte jedoch mit einer Begleitperson besucht werden können. Dies gilt beispielsweise für die Einrichtung M3, die derzeit für Personen im Rollstuhl unzugänglich ist, aber auch für M1, M2, M4 und Z. Während die Einrichtung P stufenlos ist, sind unter allen anderen Einrichtungen nur in M3 und T Stufenmarkierungen vorhanden und auch dort nicht konsequent; Handläufe sind immer vorhanden, selten jedoch beidseitig.

So verwundert es nicht, wenn innerhalb der Kommentare der Testpersonen die Kritik an fehlenden Treppen- oder Stufenmarkierungen (M1, M3, M4, T, Z), neben der schwierigen Orientierung (M1, M2, M5, M6, Z), oberste Priorität hat. Positive Erwähnung fanden das Angebot des Personals von Einrichtung F, statt der Treppen den Aufzug zu nutzen, die Übersichtlichkeit der Einrichtung M4 sowie die (weitgehende) Stufenlosigkeit der Einrichtung M5. Eine angenehme Beleuchtung wurde für M3 und M6 genannt. In M2 wurde die Hilfestellung des Personals durch Hinweise auf Hindernisse und Stufen lobend erwähnt. Trotz aller Kritik schätzen die Testpersonen dieses Dienstleistungselement bis auf eine Ausnahme eher positiv ein.

	1	2	3	4	5	6
M1					X	
M2		X				
M3	X					
M4		X				
M5		X				
M6		X				
F		X				
Z		X				
T		X				

Tab. 19: Bewertung der Bewegungsmöglichkeiten innerhalb der Einrichtung durch blinde oder sehbehinderte Testpersonen

4.4.4 Kernleistung Besichtigungsgelegenheit

Die Einrichtung M3 erscheint für die betrachteten Behinderungsarten als nicht barrierefrei; gleichwohl finden sich dort nach dem
Überwinden nicht markierter Stufen Bereiche, die durch eine
großzügige, von Hindernissen freie Gestaltung den Anforderungen Sehbehinderter entgegenkommen. In M4 wirken sich die bereits erwähnten podestartigen Einbauten im Ausstellungsbereich
ungünstig aus, sowohl durch fehlende Handläufe und Stufenmarkierungen, als auch durch die Gestaltung der Stufen ohne Kontrast zum übrigen Bodenbelag. In den – nicht rollstuhlgerechten
– Ausstellungen von M2 fanden sich Schwellen, einzelne Stufen
und Treppen. Sie waren in allen Fällen nicht markiert; ein Handlauf war zumindest einseitig vorhanden. In den – ebenfalls nicht
rollstuhlgerechten – Ausstellungen von M1 engten ungesicherte,
frei im Raum stehende Objekte die Bewegungsflächen ein, was
Gefährdungen für den sehbehinderten Gast und die Objekte mit
sich bringt. Zudem befanden sich in diesem Ausstellungsbereich
im Raum stehende Pfeiler, aus denen nicht gesicherte Metallteile
leicht in den Raum ragten. Innerhalb der Einrichtung Z erschweren fehlende Treppenmarkierungen und Orientierungshilfen
blinden und sehbehinderten Gästen die selbstständige Bewegung.

Die Beleuchtungssituation war in allen Einrichtungen den Erfor-
dernissen einer Ausstellung angemessen. Interessant war die Lösung in M4: Dort erhöhte sich die Beleuchtungsstärke jeweils bei
Betreten des Ausstellungsraumes; die sehbehinderte Testperson
bewertete dies als angenehm und die räumliche Orientierung be-
fördernd.

Für blinde und sehbehinderte Gäste gibt es nur in Einzelfällen
alternative Formen der Information und des Zugangs zu Objekten und Ausstellungsinhalten. Zwei Einrichtungen bieten einen
Audioguide an (M4, M5), in M2 geleitet ein Audiorundgang
durch die Ausstellung. Bezüglich der Audioguides ist anzumerken, dass sie für eine stark sehbehinderte Person nur eingeschränkt selbstständig nutzbar sind. So sind in M4 die zugehöri-
gen Kennzahlen der Exponate oft sehr hoch angebracht, sodass
die Lesbarkeit für eine stark sehbehinderte Person, die einen sehr
geringen Leseabstand benötigt, recht eingeschränkt ist, zudem

sind die Kontraste zwischen Kennzahl und Hintergrund oft zu schwach. Ähnliche Probleme gibt es in M5, auch hier sind die Kennzahlen der Audioguidebeiträge für eine sehbehinderte Person schlecht lokalisierbar und lesbar. Der Audiorundgang der Einrichtung M2 stellt häufig Bezüge zu Objekten dar, die von sehbehinderten Personen nicht in der geforderten Schnelligkeit auffindbar (und zudem nicht erkennbar) sind, auch die Zeit für den Wechsel von einem Ausstellungsraum in den nächsten wurde von den Testpersonen als zu knapp kritisiert. Trotz der genannten Einschränkungen fanden sowohl Audioguide als auch Audiorundgang positive Resonanz seitens der Testpersonen.

M5 stützt sich im Bereich der Informationsvermittlung neben dem Audioguide zusätzlich auf Formen der audiovisuellen Vermittlung. So werden beispielsweise Inszenierungen in einer Großvitrine durch eine ebenfalls in der Vitrine befindliche Videoprojektion ergänzt. Zwar werden die visuellen Darstellungsformen der Inszenierung und im Film durch gesprochenen Text ergänzt, trotzdem wurde dies durch die Testperson als Informationsverlust empfunden. Frei zugängliche Tastobjekte finden sich nur in den Einrichtungen M6 und Z, darüber hinaus verfügt die Einrichtung Z über eine größere Anzahl von Beschriftungen in Punktschrift, die alternativ auch in Form eines Ordners an der Kasse ausgeliehen werden können. Die Testperson lobte diesen Ansatz, bemerkte aber zugleich kritisch, dass es noch mehr Beschriftungen in Punktschrift geben sollte. Fehlende Informationen wurden vor allem in den Einrichtungen kritisiert, die keinen Audioguide haben (M1, M3). Auch das Fehlen von Tastobjekten hat Konsequenzen: Die Testpersonen waren versucht, Ausstellungsobjekte zu betasten.

4.4.5 Kernleistungen mit passiver, sitzender Rezeption

Für Blinde und Sehbehinderte ist aufgrund fehlender Orientierungshilfen in allen Einrichtungen die Bewegung zum Sitzplatz nur in Begleitung möglich. Ein mit einer blinden Person getesteter Saal der Einrichtung T verfügt über sehr gut kontrastierende Stufenmarkierungen, der Zugang zu den Sitzplätzen war breit genug, um eine Orientierung mit dem Langstock zu ermöglichen.

Des Weiteren zeigte sich das Personal sehr einsatzbereit und begleitete die Testperson zu ihrem Sitzplatz. In den getesteten Einrichtungen gab es keinen Hinweis auf mit Hilfe von Audiodeskription für Blinde und Sehbehinderte barrierefrei gestaltete Veranstaltungen.

4.5 Zusammenfassung

Betrachtet man die Zugänglichkeit der Einrichtungen und die Möglichkeit, deren Dienstleistungen zu nutzen, wird eine Benachteiligung sehbehinderter und blinder Personen deutlich – es fehlen Orientierungshilfen und andere benötigte Anpassungen wie Stufenmarkierungen und beidseitige Handläufe (von denen ja auch Gehbehinderte profitieren) im Bereich des Eingangs. Im Gebäude selbst, bei der Kernleistung, fehlen in allen Fällen wiederum Orientierungshilfen. Einzelne Einrichtungen, deren Dienstleistung aus einer Ausstellung oder einer ähnlichen Besichtigungsgelegenheit besteht, bieten Sehbehinderten zum Teil Informationen in alternativen Formaten wie Audioformat (M2, M4, M5) oder Punktschrift (Z) an. Diese ergänzen jedoch eher den gemeinsamen Rundgang mit einer kommentierenden Begleitperson, als dass sie eine selbstständige und damit barrierefreie Inanspruchnahme der Dienstleistungen ermöglichen.

Ein vollständig anderes und differenzierteres Bild ergibt sich aus dem Blickwinkel von Personen im Rollstuhl oder mit Gehbehinderung. Nur eine Einrichtung (M3) ist derzeit nicht barrierefrei zugänglich, alle anderen Einrichtungen ermöglichen mobilitätseingeschränkten Gästen ein barrierefreies Betreten und Verlassen des Gebäudes, wenn auch der Weg zum Eingang der Einrichtung, bedingt durch die Geländesituation, etwas beschwerlich sein kann (M6, T) oder eine Unterstützung durch das Personal erforderlich ist (M1, M2, M4, M6, A, K).

In einigen Einrichtungen (M1, M2, M4, A, F, Z) ist die Bewegung in der Einrichtung oder direkt in den Publikumsbereichen eingeschränkt. Daraus ergibt sich, dass in diesen Einrichtungen Teile der Publikumsbereiche wie Ausstellungsräume oder Kinosäle nicht zugänglich sind. In Folge dessen können mobilitätseingeschränkte Personen zwar an den dort angebotenen Dienstleistungen partizipieren, sind dabei aber in ihrer Wahlfreiheit für eine bestimmte Veranstaltung oder Ausstellung eingeschränkt. Ohne Einschränkungen sind dagegen die Publikumsbereiche in den Einrichtungen M5, M6, K, P und T nutzbar. In einigen Einrichtungen sind mobilitätseingeschränkte Personen auch innerhalb der Einrichtungen von der Hilfestellung des Personals abhängig, um Niveauunterschiede mit dem Treppenlift oder Aufzug zu überwinden (M5, F). In Ausstellungen und ähnlichen Einrichtungen gibt es zudem für Personen im Rollstuhl das Problem, dass nicht alle Beschriftungen und Objektpräsentationen aus dem niedrigeren Blickwinkel einzusehen sind und interaktive Ausstellungselemente aufgrund ihrer Anbringungsart und -höhe nicht genutzt werden können (M2, M4, M5, Z).

Dieses zumindest hinsichtlich der Barrierefreiheit für Mobilitätseingeschränkte durchaus positive Ergebnis der Testbesuche ist dahingehend zu relativieren, dass bei der Stichprobenwahl Einrichtungen bevorzugt wurden, bei denen die Möglichkeit eines barrierefreien Zugangs angenommen wurde, insgesamt also von einem ins Positive verzerrten Ergebnis ausgegangen werden kann.

Obwohl die meisten Einrichtungen von baulicher Seite weitestgehend den Anforderungen mobilitätseingeschränkter Personen entsprechen, stellen nicht alle Einrichtungen Informationen hinsichtlich ihrer Zugänglichkeit und/oder der vorhandenen Einschränkungen bereit. So gibt es jeweils vier Einrichtungen, die nicht über ihre Zugänglichkeit informieren (M1, F, A, P), nur einen Kommunikationsweg nutzen (M3, M6, K, T) oder Behinderte über mehrere Kommunikationswege ansprechen (M2, M4, M5, Z). Die untersuchten Museen nutzen mit einer Ausnahme wenigstens einen Kommunikationsweg. Insgesamt sind die Informationen sehr kurz gehalten und beziehen sich zumeist auf bauliche Aspekte der Zugänglichkeit für Personen im Rollstuhl oder mit Gehbehinderung.

Die Bewertungen der Testpersonen zeigen, dass die mobilitätseingeschränkten Testpersonen, trotz Kritik an Details, insgesamt zufrieden mit der Situation in den von ihnen getesteten Einrichtungen waren. Blinde und Sehbehinderte kritisierten vor allem fehlende Stufenmarkierungen und Probleme der Orientierung in der Einrichtung selbst. Für Blinde und Sehbehinderte spielt bei der Bewertung der Dienstleistung darüber hinaus das Verhalten des Personals eine wesentliche Rolle.

5 Gegenüberstellung der Ergebnisse des Leistungstests und der schriftlichen Befragung

5.1 Bauliche Rahmenbedingungen

Der zweite Analyseschritt dieser Untersuchung stellt vergleichend eine Beziehung her zwischen den Ergebnissen der schriftlichen Befragung von Kultur- und Freizeiteinrichtungen in Halle und Jena und der in beiden Städten durchgeführten Testbesuche, um so die unterschiedlichen, jeweils unvermeidlich subjektiven Perspektiven der Selbstbewertungen der Einrichtungen einerseits, der Testpersonen und der begleitenden Beobachtungen andererseits relativieren zu können. Diese Zusammenschau konzentriert sich auf vier Aspekte:

- die baulichen Rahmenbedingungen für Zugänglichkeit und Nutzbarkeit der Dienstleistungen,

- die an behinderte Menschen adressierten Kommunikationsmaßnahmen,

- die Inanspruchnahme der Dienstleistungen
  a) durch Mobilitätseingeschränkte,
  b) durch Blinde und Sehbehinderte.

Der erste Blick gilt also der baulichen Barrierefreiheit. Von den im Rahmen der Testbesuche besuchten Einrichtungen ist für Mobilitätseingeschränkte nur eine (M3) derzeit nicht barrierefrei zugänglich. In allen anderen Einrichtungen ist ein barrierefreies Betreten und Verlassen des Gebäudes möglich, wenn auch schwergängige Türen oder eine notwendige Unterstützung durch das Personal in einigen Einrichtungen die Selbstständigkeit einschränken. Dagegen können Blinde und Sehbehinderte keine der untersuchten Einrichtungen selbstständig betreten, insbesondere wegen mangelnder Orientierungshilfen. Außerdem bergen fehlende Markierungen von Glastüren und Treppenstufen zusätzliche Gefährdungsrisiken für Sehbehinderte. Gehbehinderte oder einen Rollstuhl nutzende Gäste treffen in sechs Fällen auf Grenzen ihrer barrierefreien Bewegung in der Einrichtung und/oder in deren Publikumsbereichen (M1, M2, M4, A, F, Z) durch Niveauunterschiede, die nicht durch Rampe oder Aufzug überbrückt werden. Folglich ist der Gast in seiner Wahlfreiheit für eine bestimmte Ausstellung oder einen bestimmten Film eingeschränkt, da nur Teile der Publikumsbereiche (z. B. Ausstellungsräume, Kinosäle) zugänglich sind. In den Einrichtungen M5, M6, K, P und T gibt es keine derartigen Einschränkungen. Für Blinde und Sehbehinderte ist auch die Bewegung innerhalb der Einrichtungen oder Publikumsbereiche durch fehlende Orientierungshilfen erschwert, weiterhin fehlen Stufenmarkierungen, die vor allem Sehbehinderte in ihrer Bewegung unterstützen würden, und auch oft die beiderseitigen Handläufe an Treppen. Ausnahmen scheinen eher die Regel zu bestätigen als auf eine besondere Anpassung an die Bedürfnisse Sehbehinderter und Blinder hinzuweisen. So gibt es innerhalb der Einrichtungen M3 und T an einigen Stellen Stufenmarkierungen, Aufzüge verfügen oftmals über taktil gestaltete Tasten. Während die Markierungen wahrscheinlich allgemein Stolperfallen kennzeichnen sollen, handelt es sich bei der Gestaltung der Tasten wohl um einen üblichen industriellen Standard.

Aus diesen Betrachtungen ergibt sich, dass alle Einrichtungen mit Ausnahme von M3 für Personen im Rollstuhl oder mit Gehbehinderung zugänglich sind. In Abhängigkeit von der Art der Behinderung oder vom benutzten Hilfsmittel gibt es größere Einschränkungen in der Einrichtung Z, in einigen Einrichtungen ist die Unterstützung des Personals beim Betreten und Verlassen der Einrichtung oder zum Überwinden von Niveauunterschieden nötig. Trotz dieser Einschränkungen finden die Betroffenen vor allem in den Einrichtungen M5, M6, K, P, T gute Bedingungen vor. Die Bedürfnisse blinder und sehbehinderter Personen berücksichtigt keine der untersuchten Einrichtungen. Diese Personen benötigen in allen Einrichtungen die Unterstützung einer Begleitperson oder des Personals, sodass sie bezüglich kultureller Freizeitaktivitäten in ihrer Selbstbestimmung stark eingeschränkt sind.

Dieses Ergebnis kontrastiert mit der Selbsteinschätzung der Einrichtungen: 81 Prozent der Einrichtungen tendieren zu einer wenigstens befriedigenden Bewertung. Auch der Vergleich der Zugänglichkeit der eigenen Einrichtung mit Hotels, Gaststätten sowie anderen Kultur- und Freizeiteinrichtungen zeigt, wenn auch nicht so signifikant, die Tendenz, sich „gut" bis „durchschnittlich" zu bewerten. Offenbar sind die Einrichtungen mehrheitlich der Auffassung, einem derzeit gängigen Leistungsniveau zu entsprechen. Der Widerspruch zwischen dem Ergebnis der Testbesuche und der Befragung lässt sich nur dann auflösen, wenn man Barrierefreiheit auf die Anforderungen mobilitätseingeschränkter Personen reduziert, folglich anzunehmen ist, dass Einrichtungen (die geantwortet haben und sich positiv einschätzen) Barrierefreiheit mit der Zugänglichkeit für mobilitätseingeschränkte Personen gleichsetzen.

Diese Annahme wird einerseits durch die Beobachtung bestätigt, dass auch die die schriftliche Befragung vervollständigenden Kommentare der Einrichtungen, wenn sich diese auf die bauliche Situation bezogen, fast ausschließlich Personen im Rollstuhl erwähnen. Außerdem spiegelt sich darin die schriftlich geäußerte Wahrnehmung Behinderter als Gäste: Blinde und Sehbehinderte werden deutlich weniger als Mobilitätseingeschränkte mit der Kategorie gelegentlicher oder gar häufiger Gäste belegt. Dementsprechend tendierten deutlich mehr Einrichtungen dazu, Blinde und Sehbehinderte im Vergleich zu Mobilitätseingeschränkten als selten oder gar nicht anzutreffen zu bewerten.

5.2 Kommunikationsleistungen

Die baulichen Gegebenheiten sind nur ein erster, den Besuch prinzipiell ermöglichender Schritt; ergänzend bedarf es weiterer Maßnahmen, die sich sowohl auf „die Behinderten" im Allgemeinen als auch auf einzelne Behinderungsarten im Besonderen beziehen. (Bauliche) Barrierefreiheit muss auch adäquat kommuniziert werden, um behinderte Menschen zu erreichen. Von den Einrichtungen, die an der Befragung teilnahmen, bewerteten 63 Prozent die Kommunikation ihrer baulichen Situation eher positiv, ein Viertel äußert sich eher selbstkritisch. Ein großer Teil der Einrichtungen pflegt also die Ansicht, dass ihre derzeitigen Kommunikationsmaßnahmen Behinderten die benötigten Informationen zum Besuch liefern. Die im Rahmen der Leistungstests erhobenen Daten zeigen, dass es neben vier Einrichtungen, die nicht über ihre Zugänglichkeit informieren, vier Einrichtungen gibt, die dieses zwar tun, aber nur einen Kommunikationsweg nutzen, und weitere vier Einrichtungen, darunter drei Museen, die Behinderte über mehrere Kommunikationswege ansprechen. Betrachtet man lediglich die Tatsache „es wird informiert", lässt sich das positive Ergebnis der schriftlichen Befragung bestätigen, denn grundsätzlich informiert ein Teil der Einrichtungen über seine Zugänglichkeit.

Hierbei ist jedoch festzuhalten, dass sich diese Informationen in Inhalt und Form deutlich an Mobilitätseingeschränkte wenden. Von den sechs Einrichtungen, die im Außenbereich über ihre Zugänglichkeit informieren, verwenden fünf dafür das Rollstuhlfahrersymbol, während von fünf Einrichtungen, die Internet, Faltblätter oder Broschüren zur Information von Behinderten nutzen, drei explizit „Rollstuhlfahrer" erwähnen. Diese Mitteilungen haben schlagwortartigen Charakter und fallen mit einer Ausnahme (M3) immer positiv aus (im Sinne von: „Die Einrichtung ist barrierefrei."); Einschränkungen, die sich während des Besuches ergeben können (Teilzugänglichkeit von Publikumsbereichen, ungünstige Geländebedingungen usw.) werden nicht erwähnt. Das heißt, während Mobilitätseingeschränkte zumindest für einige Einrichtungen knappe (wenn auch unvollständige) Informationen zur Zugänglichkeit erhalten, werden andere Behinderte in keiner der untersuchten Einrichtungen und Informationsmedien angesprochen. Das bereits angeführte Ergebnis der schriftlichen Befragung signifikant höherer Wahrnehmungswerte für Menschen mit Gehbehinderung oder im Rollstuhl findet also in den Kommunikationsmaßnahmen der Einrichtungen zu ihrer baulichen Zugänglichkeit eine Bestätigung.

Die Selbstbewertung der Maßnahmen zur Kommunikation von Spezialangeboten für Behinderte zeigt ein weitaus differenzierteres Ergebnis, bestätigt letztlich aber die Tatsache, dass Informationen für Behinderte lediglich aus Angaben zur Zugänglichkeit für mobilitätseingeschränkte Personen bestehen: Während die Hälfte der Einrichtungen zu Bewertungen im mittleren Bereich tendiert, nimmt fast ein Viertel keine Bewertung vor. Einerseits scheint es einen Zusammenhang zwischen fehlenden Spezialangeboten und ins Negative tendierender oder fehlender Bewertung zu geben (Kinos), andererseits gibt es, wie die Untersuchung bestätigt, Einrichtungen mit besonderen Angeboten für Blinde und Sehbehinderte (Punktschrift), die allerdings nicht über die betrachteten Informationsmedien kommuniziert werden. Es bleibt dahingestellt, ob die Einrichtungen andere Kommunikationswege wählen, beispielsweise die direkte Ansprache von einschlägigen Organisationen und Vereinen.

5.3 Inanspruchnahme der Kernleistungen durch Mobilitätseingeschränkte

Die Auswertung der Testbesuche ergab, dass die meisten Einrichtungen gute, zum Teil pragmatische Lösungen gefunden haben, um mobilitätseingeschränkten Personen einen Zugang nicht nur zur Einrichtung, sondern auch zu den angebotenen Dienstleistungen zu ermöglichen. Die schriftliche Befragung verdeutlichte außerdem den „Vorsprung", den auf den Rollstuhl angewiesene Personen in der Wahrnehmung durch die Einrichtungen haben: 22 Einrichtungen geben an, sich bezüglich der Bedürfnisse von Personen im Rollstuhl oder mit Gehbehinderung Informationen beschafft zu haben.

Soweit die Kernleistung darin besteht, Ausstellungen oder andere Besichtigungsgelegenheiten für potenzielle Gäste vorzuhalten, gestalten die Einrichtungen Barrierefreiheit für mobilitätseingeschränkte Personen bislang als Zugänglichkeit eines möglichst großen Bereichs der Dienstleistungsflächen. Die konkrete Nutzbarkeit, etwa die Lesbarkeit der Ausstellungstexte und Beschriftungen sowie die uneingeschränkte Sicht auf die Exponate, ist nicht in jedem Fall gegeben und wird zum Teil durch die Ausstellungsarchitektur geradezu verhindert. Einschränkungen ergeben sich zudem in Abhängigkeit vom Ausstellungstyp. Die Gestaltung der beiden mit einer Person im Rollstuhl getesteten Kunstausstellungen scheint eher zufällig barrierefrei gelungen zu sein, verdeutlicht andererseits aber auch, dass sich die Ansprüche behinderter und nicht behinderter Gäste sehr wohl zu einem für alle befriedigenden Ergebnis verbinden lassen. Die anderen Einrichtungen wie Theater und Kinos präsentieren überwiegend pragmatische Lösungen; nur die Einrichtung F ist etwas kritischer zu bewerten, da sich dort fehlende Informationen und eingeschränkte Zugänglichkeit der Publikumsbereiche miteinander verketten.

5.4 Inanspruchnahme der Kernleistungen durch Blinde und Sehbehinderte

Blinde und Sehbehinderte werden von den untersuchten Einrichtungen, insbesondere den Kinos und „Galerien", nur selten oder gelegentlich als Gäste wahrgenommen; möglicherweise nehmen sie deren Leistungen gar nicht in Anspruch. Dass sie tatsächlich nicht kommen (können), mag zum einen an den oben genannten Einschränkungen liegen, die eine selbstbestimmte Partizipation an Kultur- und Freizeitangeboten erschweren oder eine die Interessen teilende Begleitperson verlangen. Darüber hinaus könnte es einen Zusammenhang zwischen der Art (und dem Selbstverständnis) der hier betrachteten Einrichtungen und dem seltenen Besuch durch Blinde und Sehbehinderte geben. Die Zahl der Einrichtungen, die sich über die Anforderungen blinder und sehbehinderter Gäste informiert haben, fällt im Vergleich zu denen, die sich in Bezug auf Personen im Rollstuhl oder mit Gehbehinderung Informationen beschafft haben, deutlich geringer aus. Es sind vor allem Museen und „Galerien" – also Einrichtungen, deren Kernleistung aus einer Besichtigungsgelegenheit besteht –, die angeben, sich hinsichtlich Blinder und Sehbehinderter informiert zu haben, während sich besonders Kinos und Theater in diesem Punkt abstinent halten.

Dennoch scheint es für einen Großteil der Einrichtungen einen sich gegenseitig verstärkenden Zusammenhang zwischen der weniger deutlichen Wahrnehmung Blinder und Sehbehinderter als Gäste sowie einem geringeren Interesse an diesen Personengruppen einerseits und einer durch die Art der Behinderung viel stärkeren Einschränkung bei der Kultur- und Freizeitgestaltung andererseits zu geben. Während diese Wechselwirkung für die meisten

Einrichtungen nur vermutet werden kann, scheint sie, den erhobenen Daten zufolge, auf Kinos zuzutreffen. Die Befragung hat jedoch auch gezeigt, dass erfolgreich durchgeführte Veranstaltungen und positive Rückmeldungen unabhängig von der Art der Einrichtung zu Engagement und Interesse für Sehbehinderte und Blinde führen können.

Die Einschätzung, diese oder jene Einrichtung sei nichts für Blinde oder Sehbehinderte, bedarf allerdings einer Differenzierung. Zum einen gab es schon in der kleinen Gruppe der Testpersonen mehrere, die ein Interesse an Kultur- und Freizeiteinrichtungen, bei denen es in erster Linie „etwas zu sehen gibt" wie im Kino, Theater oder Museum, bekundeten (vgl. die Kurzporträts der Testpersonen im Anhang, Abschnitt 8.3). Zum anderen besteht beispielsweise ein Kinobesuch auch für den nicht sehbehinderten Gast aus weitaus mehr Komponenten als der optisch und akustisch wahrnehmbaren Filmhandlung. Stimmen, Popkornduft, Kinosessel, schließlich die besondere Akustik und Tonqualität in einem Kinosaal können einen Kinobesuch zu einem Erlebnis werden lassen, an dem auch ein blinder oder sehbehinderter Mensch partizipieren möchte.

Selbstverständlich profitieren Blinde und Sehbehinderte mehr von einem Besuch der hier betrachteten Kultur- und Freizeiteinrichtungen, wenn sie eine Begleitperson durch erklärende Kommentare unterstützt oder wenn durch Audioformate, Großschrift oder Punktschrift Wahrnehmungsalternativen bereitstehen. So sei an dieser Stelle darauf eingegangen, wie sich die Einrichtungen hinsichtlich zusätzlicher Angebote, wie Punktschrift oder Audiodeskription, bewerteten. Mehr als die Hälfte der Einrichtungen nahm hier eine eher negative Bewertung oder gar keine Bewertung der eigenen Leistung vor. Dies gilt ohne Ausnahme für die Einrichtungen, die im Rahmen einer Veranstaltung besucht werden, während es unter den Einrichtungen, deren Angebot in einer Besichtigungsgelegenheit besteht, auch einige positive Bewertungen gab. Es ist also zu vermuten, dass eine große Zahl von Einrichtungen blinden und sehbehinderten Gästen keine auf ihre Bedürfnisse zugeschnittenen ergänzenden Leistungen anbietet. Betrachtet man die getesteten Einrichtungen, dann wird diese

Vermutung im Prinzip bestätigt. Zwar bieten einige Einrichtungen im Ausstellungsbereich Informationen im Audioformat, die natürlich auch blinden und sehbehinderten Menschen einen gewissen Zugang zum Inhalt der Ausstellung ermöglichen. Ihre Nutzung ist jedoch wiederum an die optische Wahrnehmung gebunden, wenn beispielsweise die Texte Bezug auf die ausgestellten Objekte nehmen. Dann zeigt sich, dass es sich hierbei vorrangig um eine ergänzende oder alternative Form der Informationsvermittlung handelt, von der vor allem der sehende Gast profitiert. Nur in einer Einrichtung kamen punktuell Informationsmedien zum Einsatz, die es auch blinden oder sehbehinderten Gästen ermöglichen, sich unabhängig von einer Begleitperson zu informieren, Kenntnis der Brailleschrift vorausgesetzt. Trotzdem es sich um ein ausdrücklich an Blinde und Sehbehinderte adressiertes Angebot handelt, ist es aufgrund fehlender Orientierungshilfen, die dem Betroffenen ein selbstständiges Auffinden der Beschriftungen ermöglichen, ohne Unterstützung durch eine Begleitperson nicht nutzbar. Für die anderen Einrichtungen – diejenigen, bei denen die akustische Wahrnehmung im Vordergrund steht, sollen hier nicht betrachtet werden – ist Barrierefreiheit für Blinde und Sehbehinderte nur mittels der Technik der Audiodeskription zu realisieren. In keiner der untersuchten Einrichtungen fand sich ein Hinweis auf entsprechend barrierefrei durchgeführte Veranstaltungen.

6 Ist Barrierefreiheit ein besonderes Qualitätsmerkmal der Museen?

6.1 Museen im Vergleich zu anderen Kultur- und Freizeiteinrichtungen

Hinsichtlich der faktischen Erreichbarkeit für Behinderte und der baulichen Rahmenbedingungen, die eine Zugänglichkeit für Behinderte ermöglichen, zeigen sich keine wesentlichen Unterschiede zwischen Museen und anderen Kultur- und Freizeiteinrichtungen. Wie die anderen Einrichtungen tendieren Museen dazu, ihre bauliche Situation eher günstig zu bewerten; der Anteil der Bewertungen mit befriedigend oder besser fällt noch etwas höher aus als bei den anderen untersuchten Einrichtungen (elf von 13 Museen, 18 von 23 anderen Einrichtungen).

Die Mehrzahl der erbetenen Einschätzungen zeichnet ein vergleichsweise positiveres Selbstbild der Museen. Keines der beteiligten Museen entscheidet sich dafür, seine Kommunikationsleistungen für Behinderte mit „nicht bestanden" (5 oder 6) zu bewerten; in der oberen Hälfte der Skala ordnen sich neun der zehn Museen, die Angaben machten, ein – eine erkennbar positivere Haltung als bei den anderen Einrichtungen (14 von 23, 63%). Die ergänzenden Leistungen für Blinde und Sehbehinderte bewerten Museen weniger negativ: Nur 55 Prozent – gegenüber 76 Prozent der anderen Einrichtungen – greifen nach „nicht bestanden" (5 oder 6).

Im erbetenen Vergleich der Barrierefreiheit gegenüber anderen Kultur- und Freizeiteinrichtungen neigen die untersuchten Museen zu positiverer Selbstbewertung: 61 Prozent geben sich ein „gut" (8 von 13), von den anderen Einrichtungen sind es nur 41 Prozent (9 von 22); eine entsprechend geringe Anzahl Museen wählt „weniger gut" (15% gegenüber 23%). Auch im Vergleich zu Hotellerie und Gastronomie nahmen die Museen ihre Position als günstiger wahr: 54 Prozent wählen die Antwort „gut", während die anderen Einrichtungen sich fast gleichmäßig über die drei Auswahlmöglichkeiten verteilen. Anzumerken ist die etwas positivere Haltung der Konzertstätten, sodass sich unter deren Ausschluss die Selbsteinschätzung der Museen noch deutlicher von anderen Kultur- und Freizeiteinrichtungen abhebt.

Bei der Wahrnehmung von Mobilitätseingeschränkten als Gäste der eigenen Institution vertreten Museen erkennbar andere Auffassungen: Die Antwort „nie" bedienen sie überhaupt nicht, die Mehrheit antwortet „gelegentlich" (62%, 8 von 13), während die anderen Einrichtungen breiter streuen und fast gleich oft „gelegentlich" (44%, 10 von 23) oder „selten" bis „nie" angeben (39%, 9 von 23). Dasselbe Ergebnis zeigt sich hinsichtlich der Blinden und Sehbehinderten, auch wenn die höchste Kategorie, „häufig", nicht bedient wird: Fast gleich viele entscheiden sich für „gelegentlich" oder „selten", während die anderen Einrichtungen sich am häufigsten für „gelegentlich" oder „eigentlich nie" entscheiden. Hierzu passt, dass Museen sich häufiger über beide hier betrachtete Behinderungsarten informiert haben (38%, 5 von 13) und seltener nichts berichten können (23%, 3 von 13) – bei den anderen Einrichtungen errechnen sich 17 und 35 Prozent.

Die Befunde der Leistungstests sind wegen der geringen Menge der untersuchten Einrichtungen nur mit Vorbehalt zu interpretieren. Hinsichtlich der Informationsbereitstellung für Behinderte rücken die Museen in ein etwas günstigeres Licht, da nur ein Museum keinen dieser Informationskanäle nutzt, während drei andere Einrichtungen Informationen unterlassen, und die Hälfte der Museen (3 von 6) mehrere Wege der Informationsverbreitung beschreitet – im Vergleich zu lediglich einer anderen Einrichtung (1 von 6).

Museen bieten ungleich häufiger alternative Formate ihrer Informationen an, die Sehbehinderten und Blinden einen (eingeschränkten) Zugang zu diesen Inhalten ermöglichen können. Es handelt sich fast ausschließlich um Audioformate, die die Ausstellungsbeschriftung ergänzen und die, wie die in einem Fall vorhandenen Tastobjekte, vorrangig dazu gedacht sind, den normal sehenden Gästen individuelle und abwechslungsreiche Vermittlungsformen anzubieten.

Auch nachteilige Unterschiede zu den anderen Kultur- und Freizeiteinrichtungen sind feststellbar. Die Beurteilung der Gegebenheiten für Mobilitätseingeschränkte fällt für die untersuchten Museen tendenziell schlechter aus: Keine Eingangssituation ist fehlerfrei, am häufigsten ist die Kategorie „nur mit größerer Hilfestellung möglich", während die anderen Einrichtungen alle prinzipiell betretbar sind, am häufigsten die Kategorie „mit punktuellen Einschränkungen" erfüllen. Der Kassen- und Empfangsbereich zeigt keine Differenzen gegenüber den anderen Einrichtungen. Die Bewegungswünsche innerhalb der Einrichtung stoßen in den Museen auf mehr Hindernisse: Nur eines ist uneingeschränkt barrierefrei, am häufigsten fällt die Bewertung „nur teilweise barrierefrei"; von den anderen Einrichtungen sind zwei uneingeschränkt barrierefrei, keine erweist sich als für Mobilitätseingeschränkte unnutzbar.

Damit wurde deutlich, dass sich die Museen als Gruppe im Untersuchungsmaterial herausschälen lassen: Trotz mancher Gemeinsamkeiten, die auf einem gemeinsamen Markt nicht überraschen, überwiegen erkennbare Differenzen – sowohl bei den Selbsteinschätzungen und den Eigenangaben über Informationsbeschaffungen als auch in den Befunden des Leistungstests.

6.2 Position der „Galerien"

Von besonderem Interesse für diese Untersuchung ist, ob die Konturierung der Museen als Gruppe nur die Bestätigung eines vor Untersuchungsbeginn bestehenden Wunsches ist oder ein tatsächlicher Befund. Aus theoretischer Erwägung heraus liegt die Behauptung nahe, die ausstellenden Institutionen, also die Museen und „Galerien", seien ein relevantes Cluster im Untersuchungsmaterial, schließlich nehmen die Behinderten Museen und „Galerien" gleichermaßen anhand des Angebotes, eine Ausstellung besichtigen zu können, in Anspruch.

Wegen der geringen Fallzahl lässt sich diese These anhand der vollzogenen Leistungstests nicht prüfen. In den Auswertungen der schriftlichen Befragung zeigt sich jedoch, dass sich die konstruierte Gruppe aus Museen und „Galerien" anders darstellt als die Museen allein: Soweit die Daten der Museen, wie im vorangegangenen Abschnitt geschildert, erkennbar von denen der anderen Einrichtungen abweichen, weichen sie auch von den zusammenaddierten Daten der Museen und „Galerien" ab.

Dreimal stehen sich die beiden Gruppen ähnlich gegenüber wie die Museen und die anderen Einrichtungen, und zwar bei den Kommunikationsleistungen für Behinderte, den Quellen aktiver Informationsbeschaffung über Behinderte und der Wahrnehmung von Mobilitätseingeschränkten als Gäste. Als Beispiel die Kommunikationsleistungen: In der oberen Hälfte der Skala ordnen sich neun der zehn Museen, die Angaben machten, aber nur 64 Prozent der Museen und „Galerien" (11 von 17) und 63 Prozent der anderen Einrichtungen (14 von 23).

Fünfmal ergibt sich, dass die Ergebnisse für Museen und „Galerien" gemeinsam einen Niveauausgleich zwischen den Werten für Museen allein und die anderen Einrichtungen darstellen (Abschnitte 3.4, 3.6 zweimal, 3.7 und 3.8 hinsichtlich der Blinden und Sehbehinderten). Anschaulich sind die Feststellungen über Blinde und Sehbehinderte als Gäste, die die „Galerien" dadurch nivellieren, dass sie beide Extrema („häufig" und „nie") deutlich besetzen, was die Museen gerade nicht tun; null Prozent der Museen bezeichnen Blinde und Sehbehinderte als „häufige" Gäste, fünf Prozent der Museen und „Galerien", zehn Prozent der anderen Einrichtungen (einschließlich der Galerien); nur 15 Prozent der Museen sagen „nie", 30 Prozent der Museen und „Galerien", 33 Prozent der anderen Einrichtungen.

Hieraus lässt sich schließen, dass Museen und „Galerien" durchaus unterscheidbare Gruppen sind, auch wenn sie nicht derart polarisieren wie Museen und andere Einrichtungen. Die „Galerien" sind auch nicht, wie die Vorwegannahme umformuliert werden könnte, die engere Verwandtschaft der Museen, da die Galerien nicht konsequent zum Niveauausgleich führen – also zwischen Museen und den von Museen und „Galerien" unterschiedenen Einrichtungen vermitteln –, sondern auch Extrempositionen gegenüber den Auffassungen der Museen beziehen können.

6.3 Alternative Cluster im Untersuchungsmaterial

Bei Frage 2 der schriftlichen Befragung ergibt sich eine Gruppe von vier Einrichtungen (zwei Museen, eine „Galerie", der Zoo) mit durchgängig guten Selbstbewertungen hinsichtlich aller Aspekte der Frage; sie geben darüber hinaus an, sich hinsichtlich Behinderter informiert und mit anderen Einrichtungen Erfahrungen ausgetauscht zu haben. Aus allen vier Einrichtungen liegen ergänzende Kommentare vor. Die Einrichtung aus der Gruppe „Galerie" beschreibt ihre bauliche Situation als unvollkommen, bemerkt aber, für „viele Vereine und Initiativen Sonderführungen und Rahmenveranstaltungen anzubieten". Ein Museum berichtet, kürzlich umgebaut worden zu sein. „Im Zuge dieses Umbaus [...] haben wird uns natürlich auch um die Bedürfnisse von Behinderten und speziell von Rollstuhlfahrern gekümmert. [...] Hinzu kommt ein Ausstellungskonzept, das alle Sinne ansprechen soll. Eine abwechslungsreiche, auf Kontraste setzende Gestaltung der Räume, Filme mit detaillierten Kommentaren [...] aber auch Infotafeln mit großer Schrift oder auch die in jedem Bereich des Museums befindlichen Sitzgelegenheiten für Gehbehinderte sollen helfen, dass möglichst viele unserer Gäste die Ausstellung genießen können." Das andere Museum geht in seinem Kommentar eher auf Aspekte der Zugänglichkeit für Mobilitätseingeschränkte ein: „Rollstuhlfahrer reagieren positiv auf das Angebot der Treppenlifte bzw. des Gebäudeaufzuges; ältere Gäste benutzen gerne das Angebot transportabler Sitzgelegenheiten. Manche baulichen Aspekte, wie z. B. ein nachträglich eingebauter Handlauf im historischen Treppenhaus für Personen mit Schlaganfall werden ‚unbewusst' angenommen." Der Zoo erwähnt Lob wegen des barrierefreien Zugangs für Gäste im Rollstuhl oder mit Kinderwagen, für spezielle Führungen, den Einsatz von Punktschrifttafeln sowie ein Hörbuch erhalten zu haben.

Es fehlen Anhaltspunkte, in dieser Vierergruppe einen größeren Zusammenhalt zu sehen als das gleiche Antwortverhalten, sodass man weniger von einer thematisch relevanten Gruppe als von einer hier zufällig zusammentretenden Menge sich selbst sehr ähnlich einschätzender Einrichtungen ausgehen kann.

Die befragten Kinos, Theater und Planetarien präsentierten eine recht homogene Haltung in Bezug auf blinde und sehbehinderte Gäste: Sie klassifizieren blinde und sehbehinderte Menschen als nie oder lediglich selten anzutreffen; dem entspricht, dass die meisten derartigen Einrichtungen sich allenfalls über Mobilitätseinschränkungen informiert haben. Das erhellt in gewisser Weise der bereits zitierte Kommentar eines Kinobetreibers, der blinde und sehbehinderte Menschen nicht als Zielgruppe betrachtet. So wirkt ein Theater als Ausnahmeerscheinung mit dem Eindruck, Blinde und Sehbehinderte seien häufige Gäste, und seiner positiven Selbstbewertung hinsichtlich der Kommunikation ergänzender Leistungen. Die Einrichtung betont, positives „Feedback bezüglich [...] der guten Organisation vor und nach der Vorstellung" erhalten zu haben und „dadurch regelmäßig von Behindertenwerkstätten, Förderschulen und Behindertenvereinen" besucht zu werden. Eine vergleichbare Ausnahmestellung erhält ein Planetarium mit der Angabe, sich ausschließlich hinsichtlich Blinder und Sehbehinderter zu informieren, wobei dessen bereits zitierter Kommentar auf ausgesprochen positive Erfahrungen mit Veranstaltungen für Sinnesbehinderte schließen lässt. Dieser Befund weist auf Verwandtschaft der Einrichtungen mit passiver, sitzender Rezeption hin, die sich in den Kontrasten zwischen Museen und anderen Einrichtungen mit abbildet.

Hinsichtlich der ergänzenden Leistungen für Blinde und Sehhinderte entsteht eine markante Gliederung in mehrere Gruppen: Die Selbstbewertungen der Museen und „Galerien", des Zoos und des botanischen Gartens fallen weniger negativ aus als die der Konzertstätten, während die Kinos, Theater und Planetarien entweder eine sehr negative oder gar keine Bewertung vornahmen. Diese Abstufung bildet sich nur hier ab, sodass keine relevanten Cluster vorliegen.

Insbesondere Museen, „Galerien" und der Zoo gaben an, sich hinsichtlich Blinder und Sehbehinderter informiert zu haben. Dennoch ergibt sich eine bemerkenswerte Differenz, sodass auch diese Gruppe wenig Zusammenhalt aufweist: Die Audioangebote der Museen sind für das allgemeine Publikum gedacht und bieten den barrierefreien Aspekt als – möglicherweise ohne gezielte Planung herbeigeführten – Zusatznutzen; dagegen richten sich im Zoo die einzelnen Gehegebeschriftungen in Punktschrift absichtsvoll an Blinde und Sehbehinderte.

7 Schluss

7.1 Ist-Stand der Barrierefreiheit von Kultur- und Freizeiteinrichtungen, darunter der Museen

Die derzeitige Barrierefreiheit von Kultur- und Freizeiteinrichtungen lässt sich zusammengefasst folgendermaßen beschreiben: Personen im Rollstuhl oder mit Gehbehinderung finden durchweg bessere Bedingungen vor als Blinde und Sehbehinderte – fast alle untersuchten Einrichtungen gewährleisten eine Zugänglichkeit für Personen im Rollstuhl oder mit Gehbehinderung. Allerdings kann die Inanspruchnahme der Dienstleistungen durch Teilzugänglichkeiten oder eine nicht rollstuhlgerechte Ausstellungsgestaltung eingeschränkt sein. Obwohl die Bedingungen für Mobilitätseingeschränkte in den untersuchten Einrichtungen relativ gut sind, teilen nicht alle Einrichtungen dies über die untersuchten Kommunikationsmedien mit.

Dagegen ist für Blinde und Sehbehinderte schon das Betreten der Gebäude nur mit Hilfe einer Begleitperson möglich. Auch bei der Inanspruchnahme der Dienstleistungen sind Blinde und Sehbehinderte in höherem Maße eingeschränkt. Die barrierefreie Gestaltung der untersuchten Dienstleistungsangebote für Blinde und Sehbehinderte würde spezielle Anpassungen erfordern, die über die gängigen Vermittlungsformen in Ausstellungen und den Rollstuhlplatz im Theater hinausgehen. Mithin bedürfen sie einer dezidierten Entscheidung zugunsten Blinder und Sehbehinderter als Zielgruppe.

Die eher pragmatischen Lösungen, die mobilitätseingeschränkte Personen in den Einrichtungen vorfinden, deuten darauf hin, dass die Einrichtungen sich mit Kompromiss- statt Sonderlösungen begnügen oder aufgrund der personellen und finanziellen Situation begnügen müssen. Die Ergebnisse der Befragung verdeutlichen zudem, dass die Einrichtungen den Bedürfnissen Mobilitätseingeschränkter im Allgemeinen mehr Aufmerksamkeit schenken und ihr Verständnis von Barrierefreiheit tendenziell auf eine den Zugang mobilitätseingeschränkter Personen betreffende Bauaufgabe reduzieren.

Hinsichtlich der Barrierefreiheit für Blinde und Sehbehinderte zeigt sich eine markante Differenz der beiden untersuchten Gattungen von Kultur- und Freizeiteinrichtungen: Einrichtungen, deren Kernleistung in einer Besichtigungsgelegenheit besteht, verfügen zumindest theoretisch über das Potenzial, diese an die Bedürfnisse Blinder und Sehbehinderter anzupassen; Einrichtungen mit Kernleistungen, die sitzend rezipiert werden, wären mit der Adaption sämtlicher Programme wohl überfordert, sodass sie, Interesse an Blinden und Sehbehinderten als Zielgruppe vorausgesetzt, lediglich spezielle Sonderveranstaltungen für Blinde und Sehbehinderte realisieren. Die Angaben der Einrichtungen zur Informationsbeschaffung hinsichtlich Blinder und Sehbehinderter spiegeln diese grundsätzliche Polarität wider. Gleichwohl hat die Befragung gezeigt, dass Interesse und Engagement für Blinde und Sehbehinderte auch in Theatern und Planetarien zu finden ist.

Das Hauptinteresse dieser Untersuchung galt der Barrierefreiheit von Museen im Feld der Kultur- und Freizeiteinrichtungen. Tatsächlich lassen sich Museen als eine Gruppe mit charakteristischem Antwortverhalten und mit einigen speziellen Leistungsmerkmalen unter den Kultur- und Freizeiteinrichtungen identifizieren, die sich auch von der – hinsichtlich der wichtigsten Dienstleistung eng verwandten – Gruppe der „Galerien" deutlich abhebt. Museen haben hinsichtlich ihrer Barrierefreiheit ein positiveres Selbstbild, das mit der Ansicht untermauert wird, wenigstens genauso behindertengerecht zu sein wie nonmuseale Kultur- und Freizeiteinrichtungen, aber auch wie Unternehmen des Gastgewerbes. Dazu passt, dass Museen in den Antwortkategorien höher greifen als andere Einrichtungen, wenn sie angeben sollen, in welchem Umfang ihre Leistungen von Mobilitätseingeschränkten, Blinden oder Sehbehinderten in Anspruch genommen werden.

Diese Einschätzungen entsprechen allerdings nicht durchweg den im Leistungstest betrachteten realen Gegebenheiten: Museen geben für Mobilitätseingeschränkte mehr Informationen über die Barrierefreiheit ab als andere Kultur- und Freizeiteinrichtungen, die konkrete Nutzbarkeit für Mobilitätseingeschränkte fällt hingegen schlechter aus. Dies gilt nicht nur für bauliche Rahmenbedingungen, die sich den Einflussnahmen der Museumsverantwortlichen entziehen mögen, sondern auch für originäre Leistungen, beispielsweise bei der Innenarchitektur oder der Exponatanordnung in Ausstellungsräumen. Museen stellen erheblich mehr alternative Formate von ihren Informationen zur Verfügung, doch sind diese (Audio-) Angebote nicht im Hinblick auf Blinde und Sehbehinderte produziert worden, sodass sie für diesen Personenkreis nur begrenzt nützlich sind.

Da Einrichtungen für den Leistungstest gesucht wurden, die anzunehmenderweise barrierefrei sind, und der Rücklauf der schriftlichen Befragung mutmaßen lässt, dass sich eher Einrichtungen mit zufriedenstellender oder guter Ausgestaltung von Barrierefreiheit beteiligt haben, wurde mehrfach darauf hingewiesen, dass die vorliegenden Ergebnisse mit positiver Tendenz verzerrt sein können. Dies ändert aber nichts am Befund, dass unter diesen Einrichtungen Museen sich selbst in ein günstigeres Licht rücken und häufiger bemerken, Behinderte unter ihren Gäste zu haben, während die tatsächlichen Gegebenheiten wenig aus der Vielfalt der Kultur- und Freizeiteinrichtungen herausragen.

7.2 Entwicklungsperspektiven für Barrierefreiheit in Museen

Die höhere Aufmerksamkeit der Kultur- und Freizeiteinrichtungen für die Zugänglichkeit für Mobilitätseingeschränkte lässt sich vor dem Hintergrund deuten, dass die Landesbauordnungen wie auch die DIN-Normen in dieser Hinsicht präzise Vorgaben liefern, die beispielsweise bei Neu- oder Umbau einer Kultur- und Freizeiteinrichtung zwingend wirksam werden; für die Ausgestaltung der Barrierefreiheit für Personen mit anderen Beeinträchtigungen fehlen analoge Vorschriften entweder ganz oder diesen geht der notwendige Detaillierungsgrad ab. Hieraus könnte geschlossen werden, dass eine Vermehrung der Normen und Rechtsvorschriften die Barrierefreiheit verbessern mag.

Die in allen Einrichtungen beobachtete Benachteiligung Blinder und Sehbehinderter durch das Fehlen geeigneter Hilfsmittel wie beispielsweise Orientierungshilfen ist kein spezielles Phänomen des Kultur- und Freizeitbereichs, vielmehr findet sie sich in allen öffentlich zugänglichen Gebäuden. So sind die in öffentlichen Gebäuden vorhandenen Informationssysteme „von Blinden praktisch nie, von Sehbehinderten nur in stark eingeschränktem Maße zu nutzen".[57] Das Beispiel barrierefreier Bedienelemente in den Aufzügen von Einrichtungen, die ansonsten für Blinde und Sehbehinderte kaum nutzbar erschienen, belegt jedoch ein weiteres Mal die Wirksamkeit von Normen, die in diesem Fall offensichtlich aufgrund eines Quasi-Standards der herstellenden Unternehmen auch dann befolgt werden, wenn bei der Auftragsvergabe dieser Aspekt von Barrierefreiheit keinerlei Beachtung fand.

Dieses mangelnde Engagement für die Bedürfnisse von Blinden und Sehbehinderten könnte man auf die eher geringe Zahl der Betroffenen, die diese Anpassungen und Sonderveranstaltungen benötigen und nachfragen, zurückführen, sodass ein wirtschaftlicher Vorteil kaum zu erwarten ist. Zumindest für die staatlichen und kommunalen Einrichtungen aber liegt es seit dem Erlass der Behindertengleichstellungsgesetze nicht mehr im Ermessen der einzelnen Einrichtung, ob sie ihre Angebote so gestaltet, dass Blinde und Sehbehinderte partizipieren können.

Hier lassen sich verschiedene Interpretationsansätze anknüpfen. Zunächst liegt ein Analogieschluss aus den Gegebenheiten für Mobilitätseingeschränkte nahe, von denen nicht nur diese profitieren, sondern beispielsweise auch Familien mit Kindern oder das Museumspersonal beim Lastentransport, sodass eine breitere Akzeptanz für entstehende Kosten gegeben ist. Als verstärkendes Argument wirkt die Annahme, dass entsprechende bauliche Lösungen in Folge der Überalterung der Gesellschaft immer stärker nachgefragt werden. Solche „Nutzen-Allianzen" erleichtern offensichtlich die Durchsetzung von Barrierefreiheit.

Einschränkend gilt aber, dass nur zugunsten der Mobilitätseingeschränkten detaillierte normative Setzungen vorliegen und in den Kultur- und Freizeiteinrichtungen das Fehlverständnis, Barrierefreiheit beziehe sich ausschließlich auf Mobilitätseingeschränkte, verbreitet ist; Normen und (einseitiges) Alltagswissen besitzen

---

[57] Böhringer, Blinden- und sehbehindertengerechte Gestaltung öffentlich zugänglicher Gebäude, S. 318.

offensichtlich die Kraft, konkreten Niederschlag in den Einrichtungen zu finden.

Man könnte auf den Pragmatismus vertrauen, den die untersuchten Einrichtungen im Umgang mit Behinderten an den Tag legten, sodass sich improvisierte Lösungen finden werden. Hinter dieser Haltung verbirgt sich das letztlich uneinlösbare Selbstverständnis vieler Einrichtungen, gerade der Museen, sich grundsätzlich „an alle" zu richten. Dieses kann sich in zwei Richtungen fortentwickeln: Entweder entschließt man sich zu einer stärkeren Fokussierung auf bestimmte Zielgruppen – und grenzt damit bewusst Bevölkerungsteile aus, denen dieser Entschluss auch kommuniziert wird – oder man stellt breite Nutzbarkeit der Produkte heraus, quer über die Generationen und die verschiedensten Interessengruppen hinweg, und wird dabei einräumen müssen, nur für den Durchschnittsgast eine fehlerfreie Leistung zu erbringen, während einzelne Publikumsgruppen – etwa Personen mit bestimmten Behinderungen – begrenzt nutzbare Angebote vorfinden.

Gelegentlich zeigen sich interessante Brückenschläge zwischen ausgrenzenden Fokussierungen und der gesetzlichen Auflage, barrierefrei zu gestalten. Ein Lehrstück bieten die Audioführungen in Museen: Sie stehen in einem Argumentationsfeld zwischen der Attraktivitätssteigerung für die Multimedia-Generation, dem erhöhten Besichtigungskomfort allgemein, der Schaffung paralleler Informationsstränge für verschiedene Publikumsgruppen und, nicht zu unterschätzen, dem Wettbewerbsdruck durch andere Besichtigungsanlässe und deren Begleitmaterialien, den der Zwang zu permanenter Innovation durch die Erlebnisorientierung noch verstärkt. Eher zufällig scheinen sie einen Nutzeffekt für Blinde und Sehbehinderte aufzuweisen.

Es ließen sich ohne hohen Mehraufwand nennenswerte Fortschritte in der Gewinnung von Barrierefreiheit erzielen, wenn anstehende Neuerungen daraufhin überprüft würden, ob sie den gegebenen Grad der Barrierefreiheit erhöhen oder ob dies unter bestimmten Bedingungen geschehen kann. So wie Projekte zugunsten von Mobilitätseingeschränkten eher unter dem Vorwand der Behindertengleichstellung – wie die Realisierung eines Lastenaufzugs als behauptete Barrierefreiheit vorzeigt – Wirklichkeit werden, so sollte es möglich sein, dass Ideen der Barrierefreiheit bei durchsetzbareren Argumenten wie vermehrter Erlebnisorientierung auf dem Trittbrett mitfahren.

Speziell für Museen erbrachte diese Untersuchung eine interessante Differenz von Schein und Sein: Man mag unterstellen, dass vielfältige Diskussionen im Museumswesen über Barrierefreiheit der Grund dafür sind, dass mehr Museen als andere Kultur- und Freizeiteinrichtungen bemerken, dass auch Behinderte zu ihrem Publikum gehören, aber auch dafür, dass Museen die Selbsteinschätzung pflegen, weniger Barrieren für Behinderte im eigenen Hause zu haben als andere Institutionen. Real zeigt sich eher ein durchschnittliches bis unterdurchschnittliches Leistungsniveau, in dem Zufallstreffer wie Audioelemente für Sehende, von denen Blinde „irgendwie" profitieren können, als Glanzlichter erscheinen. Kurz gesagt: Nachholbedarf in vielen Bereichen, vom Museumskonzept über die Zielgruppenwahl bis hin zur Ausstellungsgestaltung. Das Beispiel der vom Rollstuhl aus nicht einsehbaren Ausstellungstexte zeigt, dass es nicht nur um Investitionen, sondern auch um kritischere Selbstbeobachtung geht.

8 Anhang

8.1 Untersuchte Einrichtungen: Sigel, Kurzporträts, Informationsmaterialien

Sigel: M1
Stadtmuseum Halle – Christian-Wolff-Haus
Große Märkerstraße 10, 06108 Halle (Saale)
Das Museum befindet sich in einem Gebäudekomplex, der neben einem modernen Galeriebau auch das im 16. Jahrhundert erbaute Wohnhaus des Philosophen Christian Wolff umfasst. Stadt- und kulturgeschichtliche Ausstellungen.

Rechtsträgerin: Stadt Halle

Öffnungszeiten: Di – So 10–17 Uhr

untersuchte Informationsmaterialien:
Faltblatt: Zur Geschichte des Christian-Wolff-Hauses
Faltblatt: Too Much Future. Punk in der DDR 1979-89. Ausstellung im Stadtmuseum Halle
Webseite: http://www.halle.de/index.asp?MenuID=721
[gesehen: 16.05.2008]

Sigel: M2
Händel-Haus Halle
Große Nikolaistraße 5, 06108 Halle (Saale)
Geburtshaus Georg Friedrich Händels, Musik- und Musikinstrumentenmuseum. Kammermusiksaal, Glashalle und Innenhöfe mit jährlich durchschnittlich 180 Konzerten und Veranstaltungen.

Rechtsträgerin: Stiftung bürgerlichen Rechts (Stifter: Stadt Halle und Land Sachsen-Anhalt)

Öffnungszeiten: 1. April bis 31. Oktober: Mo 11–16 Uhr, Di – So 10–18 Uhr; 1. November bis 31. März: Di – So 10–17 Uhr

untersuchte Informationsmaterialien:
Broschüre: Händel-Festspiele 2008
Faltblatt: Händel-Haus-Halle, Konzerte und Veranstaltungen März – August 2008
Broschüre: Das Händel-Haus in Halle
Webseite: http://www.haendelhaus.de/de [gesehen: 16.05.2008]

Sigel: M3
Stiftung Moritzburg – Kunstmuseum des Landes Sachsen-Anhalt
Friedemann-Bach-Platz 5, 06108 Halle (Saale)

In der spätmittelalterlichen Moritzburg befindet sich eines führenden Kunstmuseen Sachsen-Anhalts mit Beständen vom Mittelalter bis zur Gegenwart: Malerei, Grafik, Plastik, Kunsthandwerk/Design, Photographie, Münzen und Medaillen.

Rechtsträgerin: Stiftung öffentlichen Rechts (errichtet vom Land Sachsen-Anhalt)

Öffnungszeiten: Di 11 – 20.30 Uhr, Mi – So und Feiertage 10 -18 Uhr

untersuchte Informationsmaterialien:
Flyer: Die Ausstellungen 2008
Faltblatt: Stiftung Moritzburg
Webseite: http://www.kunstmuseum-moritzburg.de
[gesehen: 16.05.2008]

Sigel: M4
Optisches Museum Jena
Carl-Zeiß-Platz 12, 07743 Jena

Naturwissenschaftlich-technisches Museum mit den Schwerpunkten Geschichte der Optik, Planetariumstechnik, Entwicklung und Wegbereiter der optischen Industrie in Jena.

Rechtsträgerin: Ernst-Abbe-Stiftung, Stiftung bürgerlichen Rechts, Jena

Öffnungszeiten: Di – Fr 10–16.30 Uhr, Sa 11–17 Uhr

untersuchte Informationsmaterialien:
Faltblatt: Optisches Museum
Faltblatt: Museumspädagogisches Angebot
Webseite: http://www.optischesmuseum.de/museum.html
[gesehen: 16.05.2008]

Sigel: M5
Schott GlasMuseum
Otto-Schott-Straße 13, 07754 Jena

Auf dem Werksgelände gelegen, zeigt das Museum die Geschichte des Werkstoffes Glas; dabei werden Produkt- und Technologiegeschichte mit Firmengeschichte verknüpft.

Rechtsträgerin: SCHOTT Jenaer Glas GmbH

Öffnungszeiten: Di – Fr 13–18 Uhr

untersuchte Informationsmaterialien:
Faltblatt: Schott GlasMuseum und Schott Villa in Jena
Webseite:
http://www.schott.com/museum/deutsch/html/index.htm
[gesehen: 16.05.2008]

Sigel: M6
Phyletisches Museum
Vor dem Neutor 1, 07743 Jena

Naturwissenschaftliches Museum mit den Schwerpunkten Evolution
und stammesgeschichtliche Entwicklung, umfangreiche zoologische
und paläontologische Sammlung; Jugendstilgebäude.

Rechtsträgerin: Friedrich-Schiller-Universität Jena

Öffnungszeiten: Mo – So 9–16 Uhr

untersuchte Informationsmaterialien:
Webseite: http://www.phyletisches-museum.uni-jena.de
[gesehen: 16.05.2008]

Sigel: A
Kunstforum Halle
Bernburger Straße 8, 06108 Halle (Saale)

Das Gebäude aus der Gründerzeit beherbergte über Jahrzehnte eine
Filiale der Sparkasse Halle. Seit 2006 finden mehrere Kunstausstellungen pro Jahr sowie Konzerte und Lesungen statt.

Rechtsträgerin: Stadt- und Saalkreissparkasse Halle

Öffnungszeiten: Di – Fr 14–19, Sa, So, Feiertage 11–17 Uhr

untersuchte Informationsmaterialien:
Faltblatt: Ich zeichne, also bin ich. Willi Sitte. Frühe Handzeichnun-
gen. Ausstellung
Faltblatt: Kunstforum Halle
Webseite: http://www.kunstforum-halle.de [gesehen: 16.05.2008]

Sigel: F
CinemaxX Halle Charlotten-Center
Charlottenstraße 8, 06108 Halle

Im November 1995 eröffnetes Multiplexkino mit 2.425 Plätzen in 10 Kinosälen; baulicher Verbund mit der Shopping-Mall „Charlotten-Center".

Rechtsträgerin: CinemaxX AG, Hamburg

untersuchte Informationsmaterialien:
Faltblatt: Programm vom 13.–19. März 2008
Webseite:
http://www.cinemaxx.de/cinema/index.asp?sid=8143098711300253
60311045953869&intKinoId=D061 [gesehen: 16.05.2008]

Sigel: K
Volksbad Jena
Knebelstraße 10, 07743 Jena

Historische Badeanstalt, die heute als vielseitiger Veranstaltungsort für Konzerte, Showprogramme, Theateraufführungen, aber auch Tagungen und Empfänge verschiedener Veranstalter genutzt wird.

Rechtsträgerin: Stadt Jena

untersuchte Informationsmaterialien:
Broschüre: Programmheft 04–06 2008
Webseite:
http://www.jena.de/sixcms/detail.php?id=84768&_lang=de
[gesehen: 16.05.2008]
aktuelle Webseite dieser Einrichtung: http://www.volksbad-jena.de

Sigel: P
Zeiss-Planetarium Jena
Am Planetarium 5, 07743 Jena

Ältestes Planetarium der Welt mit Bildungsprogrammen für Kinder und Erwachsene, außerdem Unterhaltungs- und Lasershows. Veranstaltungen finden täglich zu Vorführungsterminen statt.

Rechtsträgerin: STERNEVENT GmbH (alleinige Gesellschafterin: Ernst-Abbe-Stiftung, Stiftung bürgerlichen Rechts, Jena)

untersuchte Informationsmaterialien:
Broschüre: Programmheft 02–05 2008
Webseite: http://www.planetarium-jena.de [gesehen: 16.05.2008]

Sigel: T
Neues Theater Halle
Große Ulrichstraße 51, 06108 Halle (Saale)

Das Neue Theater, das hallesche Schauspielhaus, befindet sich in der sogenannten „Kulturinsel". Es bedient die zwei Spielstätten „Saal" und „Werft" sowie das Hoftheater und die Veranstaltungsreihe Zwischendeck.

Rechtsträgerin: Stadt Halle (ab 2009: Theater, Oper und Orchester GmbH Halle; Gesellschafterin: Stadt Halle)

untersuchte Informationsmaterialien:
Broschüre: Kulturinsel Halle, Alles rund um ihre Veranstaltungen
Broschüre: Kulturinsel Halle, Spielplan April 2008
Webseite: http://www.kulturinsel-halle.de [gesehen: 16.05.2008]

Sigel: Z
Zoologischer Garten Halle
Fasanenstraße 5a, 06114 Halle (Saale)

Bergzoo mit in mehreren Ebenen an Berghängen gestalteten Tieranlagen und Erlebnisbereichen auf einer Fläche von ca. 9 Hektar. Rechtsträgerin: Zoologischer Garten Halle GmbH

Öffnungszeiten: April bis Oktober: Mo – Fr 9–17 Uhr, Sa, So und an Feiertagen 9–18 Uhr; November bis März: täglich 9–16 Uhr

untersuchte Informationsmaterialien:
Faltblatt; Lageplan
Webseite: http://www.zoo-halle.de/wcms/index.php
[gesehen: 16.05.2008]

8.2 Testbesuche in den Einrichtungen

Einrichtung	Besuch mit sehbehinderter/blinder Person	Besuch mit mobilitätseingeschränkter Person
M1	26.03.2008 hochgradig sehbehinderte Person	08.04.2008 Rollstuhlfahrer
M2	03.04.2008 hochgradig sehbehinderte Person	–
M3	01.04.2008 hochgradig sehbehinderte Person	–
M4	09.04.2008 hochgradig sehbehinderte Person	10.04.2008 gehbehinderte Person mit Rollator
M5	09.04.2008 hochgradig sehbehinderte Person	–
M6	14.04.2008 hochgradig sehbehinderte Person	–
A	–	18.04.2008 Rollstuhlfahrer
F	27.03.2008 blinde Person	–
K	–	20.04.2008 Rollstuhlfahrer
P	–	10.04.2008 Rollstuhlfahrer
T	01.04.2008 blinde Person	18.04.2008 Rollstuhlfahrer
Z	28.03.2008 hochgradig sehbehinderte Person	–

8.3 Kurzporträts der Testpersonen

8.3.1 Mobilitätseingeschränkte

Testperson 1:

Rollstuhlfahrerin (Einrichtung P)

23 Jahre, Bürokraft

Freizeit: Malen, Lesen, Gedichte und Tagebuch schreiben, Sudoku, in Jena unterwegs sein

Bevorzugte Einrichtungen/Veranstaltungen: Kino, Museum und Ausstellungen, Konzerte

Information: Programmhefte, Nachfrage direkt vor Ort an der Kasse

Besuchshäufigkeit: ein- bis zweimal im Monat

Beschränkungen: Finanzielle Beschränkungen

Testperson 2:

Rollstuhlfahrerin (Einrichtungen M1 und A)

65 Jahre, Rentnerin

Freizeit: Lesen, Opernbesuche, Konzerte, Ausstellungen, Essen gehen, sich mit Freunden treffen

Bevorzugte Einrichtungen/Veranstaltungen: Theater und Oper, Museum und Ausstellungen, Konzerte, Zoo und botanischer Garten

Information: Freunde, Medien, Aushänge und Plakate, persönliche Erkundigung bei den Einrichtungen selbst

Besuchshäufigkeit: durchschnittlich einmal im Monat

Beschränkungen: Probleme mit dem Rollstuhl

Testperson 3:

Rollstuhlfahrerin (Einrichtung T)

56 Jahre, Erwerbsunfähigkeitsrentnerin

Freizeit: Rechnen, Nähen, Radio hören

bevorzugte Einrichtungen/Veranstaltungen:
    Theater, Kino, Zoo und botanischer Garten

Information: Begleitperson, Radio

Besuchshäufigkeit:
    dreimal im halben Jahr

Beschränkungen:
    durch die Schwere der Behinderung auf Unterstützung durch Freizeitassistenz angewiesen

Testperson 4:

Rollstuhlfahrer (Einrichtung K)

65 Jahre, Rentner

Freizeit: Computer, am Rollstuhl „basteln", Gärtnerarbeit auf dem Balkon, mit dem Rollstuhl wandern

Bevorzugte Einrichtungen/Veranstaltungen:
    Kino, Konzerte

Information: Internet, ergänzend telefonische oder persönliche Nachfrage

Besuchshäufigkeit:
    vier- bis fünfmal im Monat

Beschränkungen:
    Erreichbarkeit und Zugänglichkeit der Einrichtungen

Testperson 5:

Gehbehinderung / Rollator (Einrichtung M4)

67 Jahre, Rentnerin

Freizeit: Fernsehen, Computer, Reisen

Bevorzugte Einrichtungen/Veranstaltungen:
    Zoo und botanischer Garten

Information: Internet und Lokalfernsehen

Besuchshäufigkeit:
drei- bis viermal im halben Jahr

Beschränkungen:
später Beginn der Veranstaltungen

8.3.2 Blinde und Sehbehinderte

Testperson 6:
hochgradig sehbehindert (Einrichtung M4)

47 Jahre, Erwerbsunfähigkeitsrentnerin

Freizeit: Hörbücher, Wandern, Reisen, kulturelle
Veranstaltungen, Kirchen, Museen, Musik, Sport,
Tandem fahren

Bevorzugte Einrichtungen/Veranstaltungen:
Theater, Kino, Museum und Ausstellungen, Konzerte,
Zoo und botanischer Garten

Information: Internet, Tageszeitung, Lokalfernsehen

Besuchshäufigkeit:
einmal im Monat

Beschränkungen: –

Testperson 7:
hochgradig sehbehindert (Einrichtung M5)

43 Jahre, Küchenhilfe

Freizeit: Basteln, Handarbeiten, Hörbücher und Musik, Wandern

Bevorzugte Einrichtungen/Veranstaltungen:
Kino, Museum und Ausstellungen, Zoo und
botanischer Garten

Information: Internet, Videotext, Radio

Besuchshäufigkeit:
sechs- bis siebenmal im Jahr

Beschränkungen:
fehlende Begleitperson

Testperson 8:

hochgradig sehbehindert (Einrichtung M6)

46 Jahre, Erwerbsunfähigkeitsrentnerin

Freizeit: ehrenamtliches Engagement im Blinden- und Sehbehindertenverband Jena, Schwimmen

Bevorzugte Einrichtungen/Veranstaltungen:
Konzerte, Zoo und botanischer Garten

Information: Radio

Besuchshäufigkeit:
zweimal im halben Jahr

Beschränkungen:
Orientierungsprobleme in den Einrichtungen, fehlende Begleitperson

Testperson 9:

hochgradig sehbehindert (Einrichtungen M2, Z)

20 Jahre, Vorbereitung auf Ausbildung

Freizeit: Gitarre spielen, Sport

Bevorzugte Einrichtungen/Veranstaltungen:
Konzerte

Information: Internet oder Begleitperson

Besuchshäufigkeit:
einmal im halben Jahr

Beschränkungen:
eigene Behinderung

Testperson 10:

hochgradig sehbehindert (Einrichtungen M1, M3)

41 Jahre, Rentenantragstellerin / Blumenbinderin

Freizeit: Kegeln, Tanzen, Singen

Bevorzugte Einrichtungen/Veranstaltungen:
Zoo und botanischer Garten

Information: Videotext, Lokalfernsehen, Blinden- und Sehbehindertenverband

Besuchshäufigkeit:
einmal im halben Jahr

Beschränkungen:
eigene Behinderung

Testperson 11:

blind (Einrichtung F)

31 Jahre, Ausbildung zur medizinischen Schreibkraft

Freizeit: Musik hören, draußen sein, Tandem fahren

Bevorzugte Einrichtungen/Veranstaltungen:
Theater, Kino, Konzerte

Information: Begleitperson, Internet (aber zu wenig barrierefreie
Seiten)

Besuchshäufigkeit:
einmal im halben Jahr

Beschränkungen:
fehlende Begleitperson

Testperson 12:

blind (Einrichtung T)

25 Jahre, Weiterbildung zur Fachkraft für Textverarbeitung

Freizeit: Musik hören, Fernsehen, Töpfern, Schwimmen,
mit Freunden ausgehen

Bevorzugte Einrichtungen/Veranstaltungen:
Theater, Kino, Konzerte

Information: Freunde, Internet, Radio, Fernsehen

Besuchshäufigkeit:
einmal im Monat

Beschränkungen:
in den Museen werden zu wenig Spezialführun-
gen für Blinde angeboten, die das Berühren von
Gegenständen ermöglichen.

8.3.3 Formular des Beobachtungsprotokolls

Datum:

Einrichtung:

Testperson:

Hinweg / Rückweg
Betreten / Verlassen des Gebäudes
Kauf der Eintrittskarte
Bewegung innerhalb der Einrichtung

Kernleistung

Sonstiges

8.4 Erhebungsbogen für die Leistungstests

Elemente der Dienstleistung und Kriterien	ja / nein	Bemerkungen
Informationen der Institution zur Barrierefreiheit der Infrastruktur		
... in Faltblättern, Broschüren usw.		
... auf der Webseite		
Hinweg / Rückweg		
Haltestelle ÖPNV (Entfernung max. 500 m)		
Behindertenparkplätze am Gebäude vorhanden		
barrierefreies Umfeld und Außengelände		
Betreten der Einrichtung		
barrierefreier Zugang		
der barrierefreie Zugang ist der Haupteingang		
Hinweis auf alternativen barrierefreien Zugang (ggf. Klingel)		
Beschaffenheit der (barrierefreien) Eingangstüre		
Türart		
Türmaße (90 cm breit / 210 cm hoch)		
Türschwelle / -anschlag (< 2 cm)		
Kennzeichnung von Glastüren		
Bewegungsflächen im Türbereich (150 x 150 cm)		
alternativ: Zugang über ...		
(1) (stationäre) Rampe		
120 cm breit		
Radabweiser und Handläufe		

(2) Fahrstuhl		
Fahrstuhlschachttür 90 cm lichte Breite		
Grundfläche des Fahrkorbs 110 x 140 cm		
Bedienelemente Höhe 85–100 cm		
Bedienelemente: kontrastreiche Beschriftung		
taktil erfassbare Bedienelemente		
(3) andere Lösungen (Hubbühne, Treppenlift, mobile Rampe; jeweils mit Hilfspersonal und Ruffunktion)		
Empfang / Kauf der Eintrittskarte		
Bewegungsflächen 150 x 150 cm		
Rezeption / Kasse Höhe 85 cm, Kniefreiheit		
Bewegung innerhalb der Einrichtung		
Orientierungshilfen für Blinde und Sehbehinderte		
Bewegungsmöglichkeiten ohne Hindernisse		
Wendemöglichkeit: 150 cm x 150 cm		
Wegbreiten 150 cm bzw. 90 cm (Nebenwege)		
Türen: Anforderungen erfüllt (vgl. oben)		
angemessener Bodenbelag		
Beleuchtung (blend- und schattenfrei)		
keine Niveauunterschiede		
alternativ: Rampe(n), Anforderungen erfüllt (vgl. oben)		

alternativ: Fahrstuhl, Anforderungen erfüllt (vgl. oben)		
alternatv: andere Lösungen (vgl. oben)		
Treppe(n):		
beidseitige Handläufe		
taktile Informationen am Handlauf		
Markierungen der Trittstufen		

Kernleistung: bei Ausstellungssituationen		
angemessene Bewegungsmöglichkeit (vgl. oben)		
angemessene Beleuchtung		
Sitzgelegenheiten		
Höhe der Vitrinen und Präsentation der Objekte auch für Personen im Rollstuhl geeignet		
Beschriftungen für Personen im Rollstuhl lesbar		
alternative Formate für Informationen		
Tastobjekte und Modelle		
Kernleistung: bei Theater / Kino / Konzerthäusern usw.		
angemessene Bewegung bis zum Sitzplatz / Rollstuhlplatz		
Rollstuhlplätze 95 cm breit, 150 cm tief		
angemessene Sicht auf die Bühne/ Leinwand		

Kernleistung: ergänzende Aspekte		
Behindertentoiletten vorhanden		
Garderobe selbstständig nutzbar		
angemessene Reaktion und Hilfe-stellung durch das Personal		

8.5   Fragenkatalog für Testpersonen

Einrichtung: Datum Testbesuch:

(1) Fragen zur Einrichtung (Rückschauinterview)

1. Wie bewerten Sie den Weg zur Einrichtung und ihre Erreichbarkeit (auf einer Skala von 1 bis 6)?
Was ist Ihnen auf dem Weg zur Einrichtung oder im Umfeld der Einrichtung besonders (positiv/negativ) aufgefallen?

2. Wie würden Sie den Aspekt des Betretens der Einrichtung bewerten?
Was ist Ihnen dabei besonders (positiv/negativ) aufgefallen?

3. Wie bewerten sie den Kauf der Eintrittskarte?
Was ist Ihnen dabei besonders (positiv/negativ) aufgefallen?

4. Wie würden Sie die Bewegung in der Einrichtung einschätzen?
Was ist Ihnen besonders (positiv/negativ) aufgefallen?

5. Wie bewerten Sie die behindertengerechte Gestaltung der Ausstellung? / Wie bewerten Sie den Aufführungssaal?
Was ist ihnen besonders (positiv/negativ) aufgefallen?

(2) Demographische Angaben und Freizeitverhalten

Name:
Alter und Beruf:

Was sind die von Ihnen bevorzugten Freizeitaktivitäten?

Welche der folgenden Einrichtungen / Veranstaltungen interessieren Sie / würden Sie bevorzugt besuchen?

Theater / Oper

Kino

Museum und Ausstellungen

Konzerte

Zoo und botanischer Garten

Wie informieren Sie sich über die Sie interessierenden Einrichtungen und Veranstaltungen?

Wie oft besuchen Sie Einrichtungen aus dem Kultur- und Freizeitbereich?

Was hindert Sie daran, öfter Freizeitaktivitäten außer Haus wahrzunehmen?

8.6 Fragebogen für Kultur- und Freizeiteinrichtungen

Fragebogen „Barrierefreie Kultur- und Freizeiteinrichtungen in Jena und Halle"

1. Wird Ihre Einrichtung derzeit von behinderten Personen besucht?

	häufig	gele-gentlich	selten	eigentlich nie	nicht be-kannt
Rollstuhlfahrer oder sonstige mobilitätseingeschränkte Personen					
Blinde oder sehbehinderte Personen					

2. In der folgenden Tabelle sind einzelne Aspekte, die die Barrierefreiheit von Kultur- und Freizeiteinrichtungen betreffen, aufgelistet. Würden Sie bitte für jeden Aspekt Ihre Institution auf der folgenden Skala einordnen?

Es gilt jeweils 1 = sehr gut und 6 = ungenügend.

	1	2	3	4	5	6
Bauliche Situation						
Kommunikation der baulichen Situation						
Kommunikation von Spezialangeboten für behinderte Personen						
Ergänzende Leistungen wie:						
Audiodeskription						
Informationen in Großdruck, Punktschrift oder Audioformaten						
Personalschulung						

3. Haben Sie sich Informationen beschafft, um Ihre Angebote besser an die Bedürfnisse behinderter Personen anzupassen? Bezüglich welcher Behinderungsarten? (Mehrfachantwort möglich)

	Rollstuhlfahrer oder mobilitätseingeschränkte Personen
	Blinde oder sehbehinderte Personen

4. Haben Sie mit anderen Einrichtungen, Behörden usw. Erfahrungen bezüglich der Thematik Barrierefreiheit oder Zugänglichkeit ausgetauscht? (Mehrfachantwort möglich)

	andere Kultur- und Freizeiteinrichtungen
	Behörden
	Behindertenverbände o. ä.
	sonstige

5. Haben Sie durch behinderte Besucher lobende oder kritische Hinweise hinsichtlich ihrer Einrichtung und deren Angebote erhalten? Wenn ja, könnten Sie bitte anführen, worauf sich diese bezogen haben?

6. Wenn Sie Ihr Angebot mit dem anderer Einrichtungen in der Stadt vergleichen, wie würden Sie Ihre Institution hinsichtlich ihrer Zugänglichkeit für behinderte Menschen einschätzen?

	gut	durchschnittlich	weniger gut	weiß nicht
Andere Kultur- und Freizeit-einrichtungen				
Hotelwesen / Gastronomie				

Vielen Dank, dass Sie sich für die Bearbeitung des Fragebogens Zeit genommen haben!

Raum für eventuelle Anmerkungen Ihrerseits:

8.7 Literaturverzeichnis

Auer, Kathrin:
Rechtliche Rahmenbedingungen für barrierefreie Museen / Kathrin
Auer. // In: Standbein Spielbein. Museumspädagogik aktuell. – ISSN
0936-6644. – 2007, Nr. 77, S. 4 –9

Atteslander, Peter:
Methoden der empirischen Sozialforschung / Peter Atteslander unt.
Mitarb. v. Jürgen Cromm u. a. – 10. neu bearb., erw. Aufl. – Berlin:
de Gruyter, 2003. – XIII, 411 S. (De-Gruyter-Studienbuch)

Barrierefrei Bauen für Behinderte und Betagte / Hrsg. Axel Stemshorn. Unter d. Mitarb. v. Ralf Aßmann [u. a.]. – 5., erw. Aufl. – Leinfelden-Echterdingen: Koch, 2003. – 506 S.

Das barrierefreie Museum: Theorie und Praxis einer besseren Zugänglichkeit; ein Handbuch / Hrsg. Patrick S. Föhl [u. a.]. – Bielefeld:
transcript, 2007. – 516 S. (Publikationen der Abteilung Museumsbera-
tung / Landschaftsverband Rheinland, Rheinisches Archiv- und Mu-
seumsamt; 24)

Bendixen, Peter:
Der Markt als Regulator kultureller Leistungen / Peter Bendixen. //
In: Kulturmanagement / Hrsg. Thomas Heinze. – Opladen: West-
deutscher Verlag. – Bd. 2. Konzepte und Strategien. – 1997. – 356 S.
– S. 11–47

Böhringer, Dietmar:
Blinden- und sehbehindertengerechte Gestaltung öffentlich zugängli-
cher Gebäude / Dietmar Böhringer. // In: Barrierefrei Bauen für Be-
hinderte und Betagte / Hrsg. Axel Stemshorn. Unter d. Mitarb. v.
Ralf Aßmann [u. a.]. – 5., erw. Aufl. – Leinfelden-Echterdingen:
Koch, 2003. – 506 S. – S. 316–319

Bolay, Frank:
Anforderungen von Blinden und Sehbehinderten an die Gestaltung
von Treppen / Frank Bolay. // In: Barrierefrei Bauen für Behinderte
und Betagte / Hrsg. Axel Stemshorn. Unter d. Mitarb. v. Ralf Aßmann [u. a.]. – 5., erw. Aufl. – Leinfelden-Echterdingen: Koch, 2003.
– 506 S. – S. 368–401

Design for Accessibility: A Cultural Administrator's Handbook [Elek-
tronische Ressource] / National Assembly of State Arts Agencies
(NASAA). – Stand: 2003

1 Online-Ressource. Adresse:
http://www.nea.gov/resources/accessibility/pubs/DesignAccessibility
/DesignAccess.pdf [zuletzt gesehen: 16.08.2010]

Diekmann, Andreas:
Empirische Sozialforschung: Grundlagen, Methoden, Anwendungen
/ Andreas Diekmann. – 3., durchges. Aufl. – Reinbek: Rowohlt, 1997.
– 639 S. (rororo; 55551: Rowohlts Enzyklopädie)

DIN 18024–1 : Barrierefreies Bauen. Teil 1: Straßen, Plätze, Wege,
öffentliche Verkehrs- und Grünanlagen sowie Spielplätze / Hrsg.
DIN Deutsches Institut für Normung e. V. – Berlin; Wien; Zürich:
Beuth, 1998. – 9 S.

DIN 18024–2 : Barrierefreies Bauen. Teil 2: Öffentlich zugängige
Gebäude und Arbeitsstätten / Hrsg. DIN Deutsches Institut für
Normung e. V. – Berlin; Wien; Zürich: Beuth, 1998. – 7 S.

DIN-Fachbericht 131: Leitlinien für Normungsgremien zur
Berücksichtigung der Bedürfnisse von älteren Menschen und von
Menschen mit Behinderungen / Hrsg. DIN Deutsches Institut für
Normung e. V. – Berlin; Wien; Zürich: Beuth, 2006

DIN-Fachbericht 124: Gestaltung barrierefreier Produkte / Hrsg.
DIN Deutsches Institut für Normung e. V. – Berlin; Wien; Zürich:
Beuth, 2002. – 39 S.

Flick, Uwe:
Qualitative Sozialforschung: eine Einführung / Uwe Flick. – Vollst.
überarb. u. erw. Neuausg., 4. Aufl. – Hamburg: Rowohlt, 2006. – 445 S.

Friedrichs, Jürgen:
Methoden empirischer Sozialforschung / Jürgen Friedrichs. – 14. Aufl.
– Opladen: Westdeutscher Verlag, 1990. – 429 S. (WV-Studium; 28)

Fröhlich, Andreas:
Partizipation am kulturellen Erbe für Menschen mit Behinderungen /
Andreas Fröhlich. // In: Standbein Spielbein. Museumspädagogik
aktuell. – ISSN 0936-6644. – 2001, Nr. 59, S. 2–4

Hausmann, Andrea:
Besucherorientierung von Museen unter Einsatz des Benchmarking /
Andrea Hausmann. – Bielefeld: Transcript, 2001. – 344 S. (Schriften
zum Kultur- und Museumsmanagement)

Kromrey, Helmut:
Empirische Sozialforschung: Modelle und Methoden der standardi-

sierten Datenerhebung und Datenauswertung / Helmut Kromrey. –
10. Aufl. – Wiesbaden: VS Verlag für Sozialwissenschaften, 2002. –
553 S.

Leitfaden für eine barrierefreie Gestaltung von Museen für sehbehinderte und blinde Besucher [Elektronische Ressource] / Deutscher
Blinden- und Sehbehindertenverband e.V. – Stand: November 2006
1 Online-Ressource. Adresse:
http://www.natko.de/uploads/file/Tourismus_fuer_Alle/Empfehlu
ngen_%20Koordinierungsstelle_Tourismus_DBSV_Barrierefreie
Museen.pdf [gesehen: 16.08.2010]

MAINual: Handbuch Barrierefreie Öffentlichkeit; Information,
Kommunikation, Inklusion / Hrsg. MAIN_Medienarbeit Integrativ,
Beate Firlinger [u. a.]. – Wien: MAIN, 2005. – 125 S.

Meffert, Heribert:
Dienstleistungsmarketing: Grundlagen – Konzepte – Methoden; mit
Fallstudien / Heribert Meffert; Manfred Bruhn. – 5., überarb. und
erw. Aufl. – Wiesbaden: Gabler, 2006. – 980 S. (Meffert-Marketing-
Edition)

Ökonomische Impulse eines barrierefreien Tourismus für alle: Lang-
fassung einer Studie im Auftrag des Bundesministeriums für Wirtschaft und Arbeit / Institut für Geographie der Westfälischen Wil-
helms-Universität Münster. Hrsg. Peter Neumann; Paul Reuber.
Autoren: Werner Allemeyer [u. a.]. – Münster: Institut für Geographie, 2004. – 131 S. (Münstersche Geographische Arbeiten; 47)

Rothärmel, Bettina:
Leistungserstellung im Kulturmanagement: eine institutionenökono-
mische Analyse / Bettina Rothärmel. – Wiesbaden: Deutscher Uni-
versitätsverlag, 2007. – XVI, 241 S. (Kulturmanagement und Kultur-
wissenschaft)

Schnell, Rainer:
Methoden der empirischen Sozialforschung / Rainer Schnell; Paul B.
Hill; Elke Esser. – 7., völlig überarb. u. erw. Aufl. – München: Olden-
bourg, 2005. – 589 S.

Schüler, Torsten:
Barrierefrei leben: Erhebungen in Wohn- und öffentlichen Bereichen;
Planungshilfen für die Modernisierung von Altbausubstanz / Torsten
Schüler; Karl-Dieter Röbenack; Katlin Weinrich. Weimar: Univ.-Verl.,
2000. – 84 S. (Schriften der Bauhaus-Universität Weimar; 111)

The Smithsonian Institution Exhibition Accessibility Checklist
[Elektronische Ressource]. – Stand: 2001
1 Online-Ressource. Adresse:
http://www.si.edu/opa/accessibility/exdesign/start.htm [gesehen:
16.08.2010]

Statistisches Jahrbuch 2006 für die Bundesrepublik Deutschland, für
das Ausland / Statistisches Bundesamt. – Wiesbaden: Statistisches
Bundesamt, 2006

Trends des innerstädtischen Freizeitmarktes [Elektronische Ressour-
ce] / Deutsches Seminar für Städtebau und Wirtschaft; Jochen Frank.
– Stand: 2004
1 Online-Ressource. Adresse:
http://www.baufachinformation.de/literatur.jsp?bu=2007129011912
[zuletzt gesehen: 16.08.2010]

Verbesserung von visuellen Informationen im öffentlichen Raum:
Handbuch für Planer und Praktiker zur bürgerfreundlichen und behindertengerechten Gestaltung des Kontrasts, der Helligkeit, der Far-
be und der Form von optischen Zeichen und Markierungen in Ver-
kehrsräumen und Gebäuden / Bundesministerium für Gesundheit,
Bonn. – Bad Homburg: FMS-Verl., 1996. – 143 S.

Walthes, Renate:
Einführung in die Blinden- und Sehbehindertenpädagogik / Renate
Walthes. – 2. Aufl. – München; Basel: Reinhardt, 2005. – 234 S.
(UTB; 2399)

Walz, Markus:
Museen 1990/91 / Markus Walz.
Erschienen als: Geographisch-landeskundlicher Atlas von Westfalen /
Hrsg. Landschaftsverband Westfalen-Lippe, Geographische Kommis-
sion für Westfalen. – Münster: Aschendorff. – Teil: Themenbereich 5:
Kultur und Bildung. – Begleitheft zum Doppelblatt Museen 1990/91
/ Markus Walz. – 1996. – 42 S.

Leipziger Impulse für die Museumspraxis

Herausgegeben von Markus Walz

Bereits erschienen: Band 1

Julia Kubicek

Wie seniorengerecht sind Museen?

Anforderungen im Praxistext

112 Seiten. EUR 23,00. ISBN 978-3-936960-34-1

Wie können Museen den Bedürfnissen und Wünschen älterer Menschen gerecht werden?

Die Studie filtriert aus Positionspapieren einschlägiger Verbände und Behörden vielfältige Aspekte von Seniorengerechtheit und vergleicht damit die Leistungen ausgewählter Museen. Die Analyse stellt große Anstrengungen bei der baulichen Barrierefreiheit fest, jedoch finden viele Aktionsfelder gegenüber den Bedürfnissen und Potenzialen älterer Menschen kaum Beachtung.

Die Publikation will anregen, über mehr Seniorengerechtheit nachzudenken; zugleich werden Anhaltspunkte für die Vielschichtigkeit des Themas und für den derzeitigen Erfüllungsgrad einschlägiger Forderungen in der Museumsarbeit gegeben. Die ausführliche Prüfliste erleichtert, das eigene Museum zu analysieren, mit den Fallbeispielen abzugleichen und so Defizite zu identifizieren.

networking for information sciences

Leipziger Impulse für die Museumspraxis

Herausgegeben von Markus Walz

Demnächst erscheint: Band 2

Christina Hahn

Open Access für Museen

Rechtsfragen zur freien Verfügbarkeit von Sammlungen

ISBN 978-3-936960-45-7

Welche Rechtsfragen stellen sich bei der Veröffentlichung von Sammlungen nach dem Prinzip des Open Access?

Diese Studie analysiert die konkreten Forderungen zur freien Verfügbarkeit von Kulturgut und die damit verbundenen Rechtsfragen. Sie zeigt Rechtspositionen auf, die bei der Umsetzung von Open Access im Museumsbereich zu beachten sind; zugleich werden Rechtsfolgen der unerlaubten Verwendung von Bildmaterial geklärt.

Die Publikation will für das vielschichtige Thema des Open Access im Kulturbereich sensibilisieren und die juristische Problematik der Umsetzung aus der Sicht von Museen darstellen. Expertenwissen hilft bei der Einordnung in die aktuelle Diskussion. Juristische Fallbeispiele erleichtern den Zugang zu rechtlichen Problemfeldern, erläutern gesetzliche Vorschriften und geben Hinweise für die Umsetzung von Open Access in die Museumspraxis.